KB270575

친환경 장난감 만들기

엄마랑 아이랑 친환경 장난감 만들기

케이트 릴리 지음
캐롤린 바버 사진
주순애 옮김

이숲

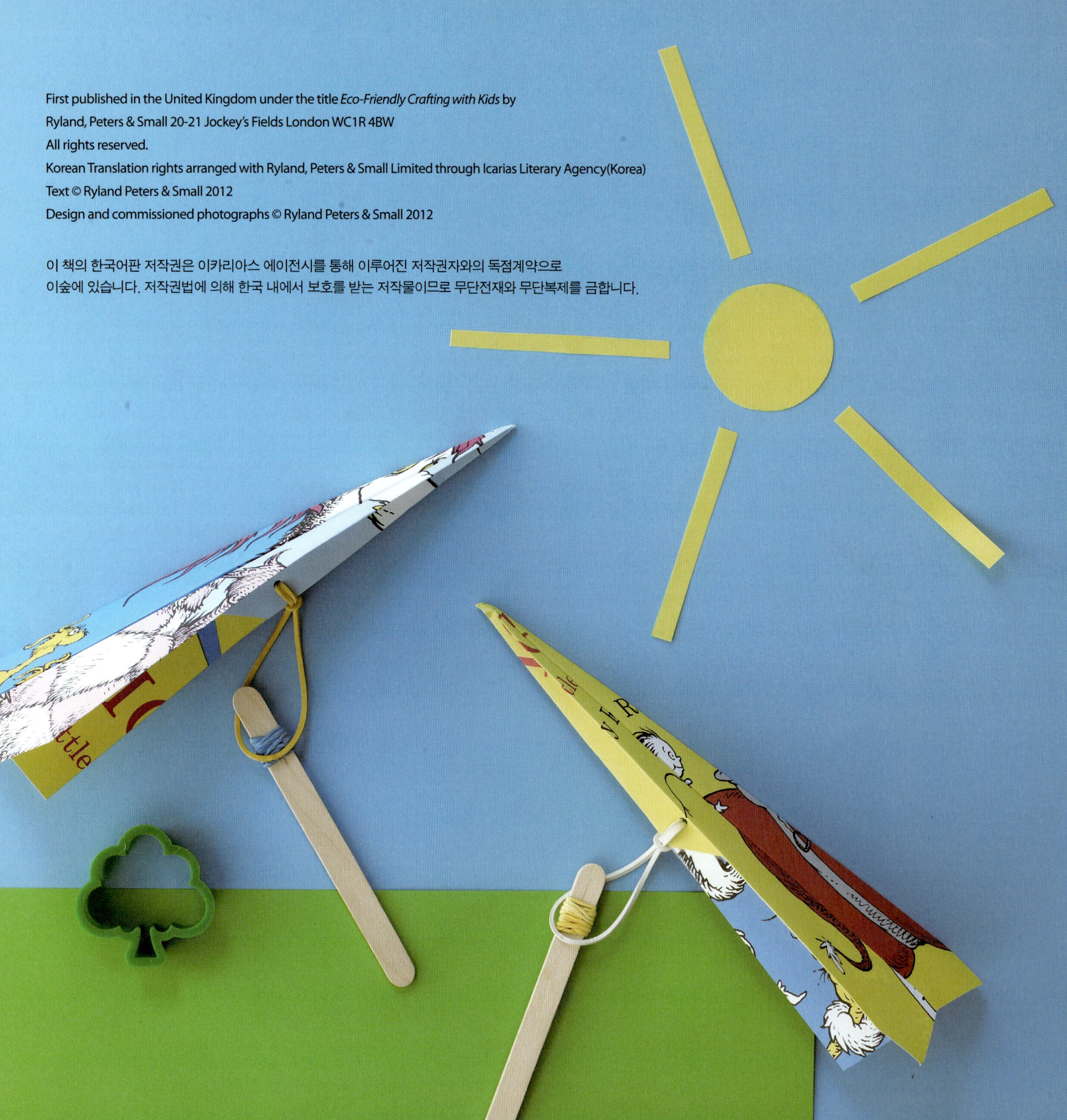

차례

머리말

제가 새내기 엄마가 되었을 때 주위 사람들은 절대로 아이에게 비싼 장난감을 사주지 말라고 하더군요. 새로 장난감을 사줘 봤자, 아이는 하루도 채 지나지 않아 싫증을 내고, 오히려 그 장난감이 들어 있던 포장 상자를 가지고 놀 거라고 하더군요. 그런 말을 들을 때면 저는 그저 웃으면서 건성으로 고개만 끄덕였어요. (여러분도 틀림없이 그러실 거예요!) 하지만 우리 집 개구쟁이 아들들이 세 살, 네 살이 된 지금 제가 가슴에 손을 얹고 생각해 보면 그 말은 사실이었습니다.

우리 집에서는 온갖 포장 상자와 재활용 폐품이 아주 소중한 재산이 되었어요. 저의 네 살배기 아들은 어딜 가든 금전등록기만 보면 좋아서 어쩔 줄 몰라요. 집에서 골판지 상자로 그와 비슷한 것을 여러 번 만들어 봤거든요! 게다가 그 아이가 상상력을 발휘해서 같은 소재로 더 복잡한 기계들의 형태를 만들어 내는 걸 보면 정말 감탄스럽습니다. 집 안에 굴러다니는 물건들을 만들기 재료로 사용하면 여러 가지로 좋아요. 돈도 거의 들지 않고 환경에도 좋을 뿐 아니라 아이가 주변에서 흔히 볼 수 있는 것들을 이용해서 창의적으로 놀 수 있게 해주거든요.

이 책에 나오는 모든 만들기 놀이에는 어른의 도움과 지도가 필요해요. 그 도움과 지도가 어느 정도냐는 아이의 나이와 지능에 따라 다르겠지요. 가위나 칼, 오븐 같은 것을 사용하는 만들기 단계에는 물론 어른이 도와줘야 하고, 구슬 같은 작은 물건은 아이가 입에 넣었다가 질식할 수도 있으니 아주 조심해야 해요. 이 책에 나오는 만들기 놀이 중 어떤 것은 과정이 조금 지저분해서 재료를 준비할 때 설겆이통과 쓰레기통을 옆에 둬서 놀이가 끝나면 곧바로 정리하는 것이 좋아요. 하지만 그렇다고 해서 지저분한 만들기 놀이를 싫어해선 안 되겠지요. 아이는 그런 놀이를 제일 좋아하고, 그 덕분에 엄마와 아빠를 더 좋아하게 될 테니까요!

이 책에 나오는 모든 만들기 놀이는 제가 직접 저의 두 아들, 세스와 탐과 함께 해봤던 것들입니다. 그러면서 우리는 아주 재미있게 놀았지요. 여러분도 그러시기를 바랍니다.
자, 이제 아이와 함께 즐거운 만들기를 시작해 보세요!

엄마표
놀이 재료 만들기

플레이도우(Playdough)

플레이도우 만들기는 과학 실험, 요리 강습, 만들기가 하나로 합쳐진 것이랍니다.
우리는 종종 집에서 플레이도우를 만들면서 여러 시간을 보내곤 했는데, 우리 아이들은
플레이도우를 새로 만들 때마다 늘 신이 나서 어쩔 줄 몰라 하더군요!

만드는 법

1. 여러분의 귀여운 아이들에게 모든 재료를 팬에 넣고 잘 섞게 하세요.
색깔이 있는 도우를 만들고 싶으면 기본 레시피에 천연색소를 넣으면
됩니다(13쪽 참조).

2. 이번 단계는 반드시 어른이 도와줘야 해요! 팬을 중약불에 올려놓고
계속 저어 줍니다. 팬 안의 재료들은 오래지 않아 공상과학 영화에 나
오는 것 같은 이상한 모습으로 바뀌면서 팬에 달라붙기 시작할 거예요.
하지만 끝에 가서는 잘될 테니 안심하세요. 일단 공 모양으로 뭉쳐지기
시작하면 불을 끄고 플레이도우를 다 긁어서 밀가루를 바른 도마 위에
올려 주세요.

3. 도우가 식으면 매끄럽고 말랑말랑하게 될 때까지 치대 주세요.

4. 팬을 따뜻한 물에 5분 동안 담가 두세요. 행주로 한 번만 살짝 닦아
도 팬은 새것처럼 깨끗해지지요!

힌트와 조언

● 물론 이것은 먹을 수 없는 플레이도우를 만드는 레시피랍니다.
● 귀여운 아이들이 뜨거운 물이나 끓는 물 가까이 있게 놔두어서는 절
대로 안 돼요.
● 천연색소도 옷에 얼룩을 남길 수 있어요. 그러니 색깔 있는 도우를
만들 때는 앞치마를 두르는 것이 좋아요. 일단 다 만들어진 후에는 손
에든 옷에든 절대로 물이 들지 않더라고요.

*cream of tartar: 베이킹 파우더의 성분인 주석영(酒石英)을 말한다.

강황
산딸기
나무껍질
비트
코코아
붉은 양배추

플레이도우에 색깔 넣기

식물성 천연색소를 사용하여 플레이도우에 색깔을 넣는 것은 굉장히 재미있답니다. 그뿐만 아니라 어린이들에게 가장 예쁜 색소를 자연에서 얻을 수 있다는 것을 가르쳐 주는 좋은 방법이기도 하지요.

강황

플레이도우 재료에 강황 가루 1작은술을 섞은 후 기본 플레이도우 레시피를 따라 주세요. 색깔을 더 진하게 하고 싶으면 완성된 플레이도우에 강황 가루를 조금 더 넣고 치대면 된답니다.

산딸기와 블루베리

팬에 산딸기나 블루베리를 크게 한 줌 넣고 물 1컵을 부어 주세요. 불을 켜고 그 혼합액이 끓기 시작하면 약 5분 동안 뭉근히 끓여 주세요. 불을 끄고 식힌 후 체에 내립니다. 이렇게 하여 만든 천연 산딸기나 블루베리 색소 ½컵을 물 ½컵 대신 넣고 기본 플레이도우 레시피를 따릅니다.

나무껍질

나무껍질이라고 꼭 나무에서 껍질을 벗겨내려고 하지는 말아 주세요. 잘만 찾아보면 땅에 떨어져 있는 나무껍질도 많답니다. 팬에 나무껍질을 크게 한 줌 넣고 물 1½컵을 부어 주세요. 불을 켜고 끓기 시작하면 용액이 약 ⅓로 줄어들 때까지 20분 동안 뭉근히 끓입니다. 불을 끄고 식힌 후 체에 내려 주세요. 이렇게 하여 만든 나무껍질 색소 ½컵을 물 ½컵 대신 넣고 기본 플레이도우 레시피를 따릅니다.

비트

중간 크기의 비트 한 개를 잘게 썰어 준비합니다. 팬에 준비한 비트를 넣고 물 1컵을 부어 주세요. 불을 켜고 끓기 시작하면 1분 동안 뭉근히 끓입니다. 불을 끄고 식힌 후 체에 내려 주세요. 이렇게 하여 만든 비트 색소 ½컵을 물 ½컵 대신 넣고 기본 플레이도우 레시피를 따릅니다.

코코아

플레이도우 재료에 코코아 가루 1작은술을 섞은 후 기본 플레이도우 레시피를 따라 주세요. 색깔을 더 진하게 하고 싶으면 완성된 플레이도우에 코코아 가루를 조금 더 넣고 치대면 된답니다.

붉은 양배추

붉은 양배추 한 줌을 잘게 썰어 준비합니다. 팬에 준비한 붉은 양배추를 넣고 물 1컵을 부어 주세요. 불을 켜고 끓기 시작하면 2-3분 동안 뭉근히 끓입니다. 불을 끄고 식힌 후 체에 내려 주세요. 이렇게 하여 만든 붉은 양배추 색소 ½컵을 물 ½컵 대신 넣고 기본 플레이도우 레시피를 따릅니다. 붉은 양배추 색소는 푸른빛을 띠지만 그 색소를 넣고 만든 플레이도우는 밝은 핑크색이 되지요!

♻ 친환경 정보

이것은 주변에서 손쉽게 구할 수 있고 유독성 화학 성분이 전혀 없는 재료를 사용한 만들기랍니다.

수채화 그림물감

저는 수채화 그림물감도 집에서 만들 수 있다는 걸 알고 깜짝 놀랐답니다. 다행히 우리 아이들도 그걸 감탄스럽게 생각하더군요. 이 그림물감을 만드는 법은 두 배로 복잡하답니다. 그것은 두 배로 재미있다는 뜻이기도 하지요!

만드는 법

1. 여러분의 귀여운 아이들에게 중조, 옥수수 가루, 식초, 글루코오스 시럽을 믹싱 볼에 넣고 잘 섞게 하세요. 그 혼합액에서 처음에는 거품이 일어나면서 쉬익 하는 소리가 날 거예요. 그것이 멈출 때까지 계속 저어 줘야 해요.

2. 1번의 혼합액을 병뚜껑과 같은 작은 용기 여러 개에 나누어 깊이 1cm씩 부어 주세요.

3. 각 용기에 식용 색소 5방울씩을 떨어뜨리고 이쑤시개로 저어 주세요. 색깔을 더 진하게 하고 싶으면 식용 색소를 몇 방울 더 떨어뜨리고 계속 저으면 됩니다.

4. 그림물감이 든 용기들을 햇볕이 잘 드는 창턱에 두어 말려 주세요. 날씨에 따라 다르지만 보통 1-2일이면 다 마른답니다.

5. 그림물감이 다 마르면 여러분의 귀여운 아이들에게 종이, 붓, 물 한 그릇을 주세요. 그러면 즐거운 그림 그리기가 시작될 거예요!

힌트와 조언

엄마표 액상 글루코오스를 집에서 만들 수도 있어요. 우선 냄비에 설탕 ¼컵과 물 ⅛컵을 넣습니다. 설탕이 다 녹을 때까지 내용물을 끓여 주세요. 다 식은 후 사용하면 됩니다.

♻ 친환경 정보

이 수채화 그림물감 만들기는 버려진 병뚜껑을 재활용하는 멋진 방법이랍니다.

준비물

● 중조나 베이킹 소다 3큰술
● 옥수수 가루나 옥수수 전분 3큰술
● 식초 3큰술
● 액상 글루코오스 시럽 2작은술
● 믹싱 볼
● 그림물감을 담을 용기 여러 개
(예를 들면 버려진 병뚜껑이나
냉장고용 얼음틀)
● 식용 색소
● 이쑤시개

엄마표 분필

엄마표 분필 만들기는 정말 쉽고 재미있답니다. 게다가 완성된 예쁜 분필은 아이들이 밖으로 나가 창의성 있는 놀이를 하도록 만드는 훌륭한 구실이 되지요. 서두르세요!

만드는 법

1. 두루마리 화장지 속대나 갱판지로 만든 대롱의 한쪽 끝을 마스킹 테이프로 완전히 봉해 주세요.

2. 속대나 대롱의 안쪽에 종이 포일을 대줍니다. 테이프로 막은 쪽이 아래로 가게 하여 수평면에 속대나 대롱들을 세워 줍니다. 혹시 내용물이 흐를지도 모르니 먼저 키친타월을 속대나 대롱들 밑에 깔아 주세요.

3. 플라스틱 용기에 물을 붓고 그 위에 소석고를 뿌려 줍니다(보통 1:1의 비율을 사용하지만 소석고 포장지에 적힌 사용설명서를 확인하세요).

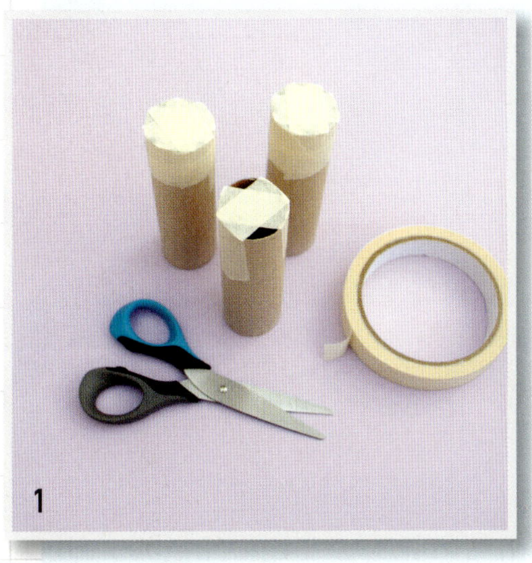

*남은 빵이나 쿠키 등을 보관하는 데 쓰는 기름종이. 왁스페이퍼로 포장한 식품을 그대로 전자레인지에 넣어도 된다.

4. 3번의 소석고 용액에 물감 가루 1큰술을 가득 넣고 잘 저어 주세요. 색깔을 더 진하게 하고 싶으면 물감 가루를 좀 더 넣어 줍니다.

5. 4번의 용액을 속대나 대롱에 붓고 그 속대나 대롱을 가볍게 톡톡 두드려 공기 방울을 없애 주세요.

6. 석고가 굳으면 속대나 대롱과 종이 포일을 제거합니다. 이렇게 만든 분필은 사용하기 전에 며칠 동안 잘 말려 주세요.

힌트와 조언

● 여러분이 준비한 대롱이 너무 굵은 것 같이 느껴지면 그것을 세로로 잘라서 잘린 면을 포개 놓고 테이프를 붙여서 대롱의 지름을 줄이면 됩니다.

● 주석이나 실리콘 재질의 머핀 팬도 훌륭한 틀이 됩니다. 머핀 팬을 쓸 경우에는 안에 종이를 댈 필요가 없답니다.

● 엄마표 분필이 만들어지면 여러분은 아이들과 함께 밖으로 나가서 온갖 종류의 놀이를 할 수 있지요. 이 분필로 그린 그림은 지울 필요가 없답니다. 비가 오면 깨끗하게 씻겨 나가거든요.

● 아이들과 함께 번갈아 땅바닥에 누워서 서로 상대방의 윤곽을 그려 주세요. 그 그림에 머리카락, 얼굴, 옷을 더 그립니다. 좀 더 대담하게 이 놀이를 생물학 수업으로 만들어 보세요. 사람 몸속의 장기들을 그려 보면 되지요!

● 여러 가지 도로와 건물을 그리고 자동차를 자른 내부의 모습을 그립니다. 그러고는 아이들을 데리고 드라이브하러 가보세요.

● 오자미 던지기 놀이를 합니다. 땅바닥에 여러 가지 모양을 그리고 그 안에 서로 다른 숫자를 써 넣어 주세요. 교대로 오자미를 던져서 누가 가장 높은 점수를 얻는지를 봅니다.

● 3목 두기 놀이를 합니다. 9개의 칸을 그리고 교대로 O나 X를 그려 주세요. 3목 두기는 연달아 O나 X를 먼저 그리는 사람이 이기는 놀이입니다.

♻ 친환경 정보

이 분필 만들기는 버려지는 두루마리 화장지 속대를 재활용하는 좋은 방법이랍니다.

재생 무지개 크레용

이것은 부러지거나 쓰다 남은 크레용에 새로운 생명을 불어넣는 훌륭한 방법이
지요. 이렇게 만든 예쁘고 두툼한 무지개 크레용은 손으로 잡기에 편할 뿐 아니
라 잘 부러지지도 않는답니다. 정말 멋지지 않나요?

만드는 법

1. 아이들에게 못 쓰는 크레용을 전부 잘게 부러뜨리게 하세요. 그렇게
준비한 크레용 조각들을 색깔별로 분류합니다.

2. 이번 단계는 반드시 어른이 도와줘야 해요! 냄비에 5cm 깊이로 물
을 붓고 끓여 주세요. 끓기 시작하면 불을 줄여서 뭉근히 끓입니다. 색
깔별로 분류한 크레용 조각들을 깨끗한 빈 깡통 속에 넣고 그 깡통들을
팬에 올려 주세요. 크레용 조각들이 녹을 때까지 기다립니다. 막대기를
사용하여 크레용 혼합물을 저어 주세요. 깡통이 몹시 뜨거워질 테니 잊
지 말고 오븐용 장갑을 끼어야 합니다!

3. 첫 번째 깡통 속에 든 녹은 크레용을 여러 개의 틀 속에 조심스럽게
부어 주세요. 각 틀 속에 대충 비슷한 양을 붓도록 하세요. 용기들을 적
어도 5분 동안 냉장고 속에 넣어두어 굳힙니다.

4. 첫 번째 색깔의 크레용이 굳으면 그 위에 다음 색깔의 녹은 크레용을
부어 줍니다. 녹인 크레용이 다 없어질 때까지 이 과정을 반복해 주세요.

5. 모든 색깔의 녹인 크레용이 다 굳으면 조리대 위에 틀을 톡톡 두드려
서 무지개 크레용을 떼어 냅니다.

힌트와 조언

시간이 부족하다면 머핀 팬으로 크레용을 만들어 보세요. 머핀 팬 크레
용을 만드는 방법은 좀 더 간단합니다. 크레용들을 작은 조각으로 만들
어서 머핀 팬 속에 넣은 다음 머핀 팬을 약불의 오븐에 넣어 주세요. 크
레용 조각들이 녹자마자 머핀 팬들을 오븐에서 꺼내어 굳을 때까지 놔
두면 됩니다.

1

2

3

4

악기 만들기

택배 상자 기타

평범한 택배 상자로도 예쁘고 멋진 기타를 만들 수 있답니다. 그 기타로 〈퍼플 헤이즈〉*를
연주할 수 있다고 말하면 거짓말이 되겠지만 〈반짝반짝 작은 별〉 정도는 충분히 연주할 수
있지요!

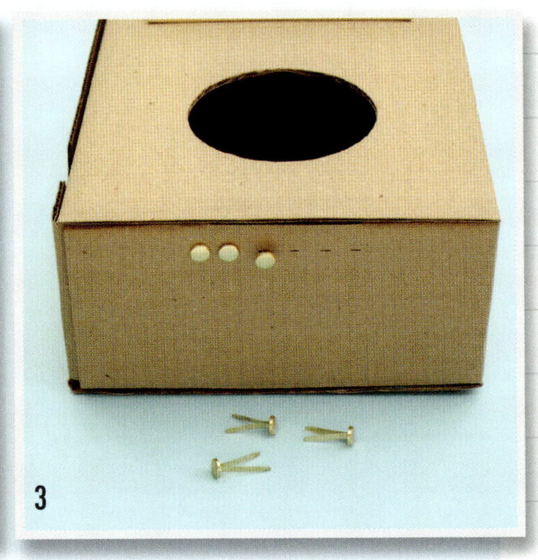

만드는 법

1. 적당한 크기의 택배 상자를 준비합니다. 구두 상자도 좋아요. 다용도 칼이나 가위를 사용하여(반드시 어른이 도와주어야 해요!) 윗면의 위에서 3분의 2 정도 위치에서 지름 10cm의 원 모양을 도려 냅니다.

2. 기타 줄을 받치는 브리지를 만들기 위해 가로 10cm 세로 10cm의 판지 조각을 준비합니다. 자와 연필을 사용하여 그 판지 조각에 가로로 세 개의 선을 그려 주세요. 사진에서 보이는 모양대로 접어서 양면테이프로 상자에 붙이거나 혹은 칼선을 내서 안으로 집어넣어도 돼요.

3. 상자의 양쪽 마구리에 위 단면에서 1cm 아래에 각각 여섯 개씩의 할핀을 끼웁니다. 고정 핀 사이의 간격은 약 1.4cm로 해주세요.

4. 고무줄 하나를 잘라서 한쪽 끝을 첫 번째 할핀에 감아 주세요. 고무줄을 당겨서 상자의 다른 쪽 마구리에 있는 할핀에 감아 줍니다. 나머지 고무줄도 똑같이 해주세요. 이제 접착테이프로 상자가 열리지 않게 붙여 주세요.

5. 기타의 목을 만들기 위해 가로 15cm 세로 50cm의 골판지를 준비합니다. 그 골판지 조각에 5cm 간격으로 세 개의 선을 세로로 그려 주세요. 선을 따라 접어서 프리즘 모양으로 만듭니다. 겹치는 부분은 접착테이프로 고정시켜 주세요. 여의치 않다면 그냥 길게 끼워도 됩니다.

6. 다용도 칼이나 가위를 사용하여(반드시 어른이 도와주어야 해요!) 몸통 윗부분의 마구리에서 한 변의 길이가 5cm인 삼각형을 도려냅니다. 도려낸 삼각형에 기타의 목을 끼워주세요. 기타가 다 만들어지면 여러분의 아이들에게 펠트 펜/매직펜이나 크레용으로 예쁘게 장식하게 하세요.

*미국의 전설적인 기타리스트이자 싱어송라이터인 지미 헨드릭스(Jimi Hendrix)의 유명한 곡 이름.

힌트와 조언

● 고무줄을 팽팽하게 조이면 조일수록 소리는 더 높고 맑은 소리가 나지요. 아주 튼튼한 상자를 사용하는 것이 아주 중요해요. 그렇지 않으면 고무줄의 당기는 힘 때문에 기타의 몸통이 찌그러질 수도 있거든요.

● 여러분의 아이들에게 고무줄을 더 팽팽하게 조이거나 헐겁게 조일 때 소리가 어떻게 달라지는지를 물어 보세요. 아이들은 팽팽하게 조인 고무줄에서는 높은 소리가 나고 헐거워진 고무줄에서는 낮은 소리가 난다는 것을 알게 될 거예요.

● 시간이 부족하다면 케이크나 쿠키 굽는 통에 고무줄을 감아 늘여서 속성으로 기타를 만들 수도 있어요(사각형 모양의 통이 기타 만들기에 가장 좋답니다).

● 고무줄 사이는 충분히 띄워서 서로 닿지 않도록 해주세요.

♻ 친환경 정보

이 기타 만들기는 버려지는 택배 상자를 아주 훌륭히 사용하는 방법이랍니다.

준비물

● 튼튼한 택배 상자 혹은 구두 상자
● 접착테이프
● 다용도 칼/가위
● 두꺼운 보드지나 골판지
● 자
● 연필
● 양면테이프
● 할핀 작은 것 12개
● 고무줄 6개
● 펠트 펜/매직펜이나 크레용

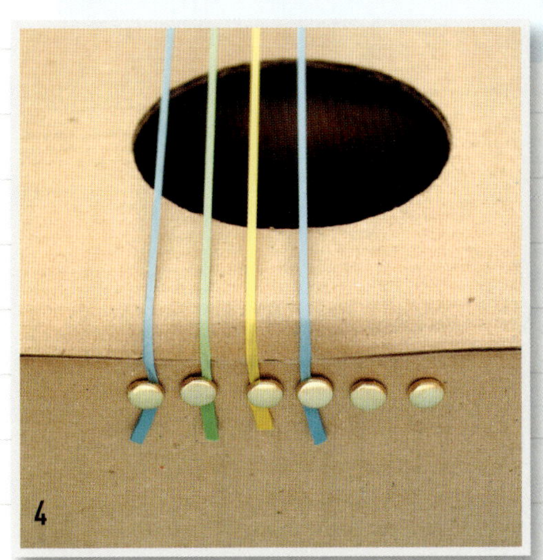

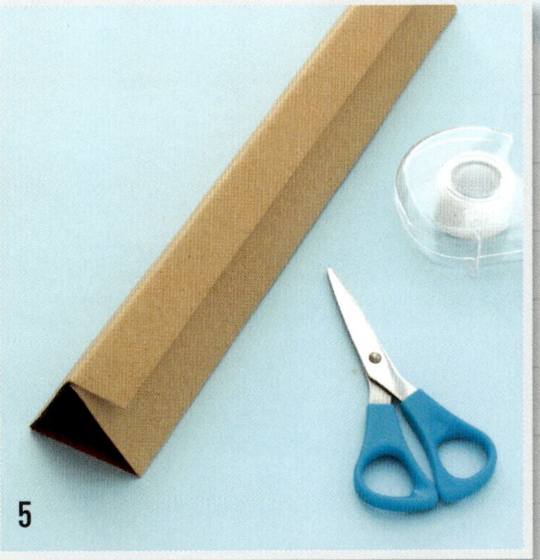

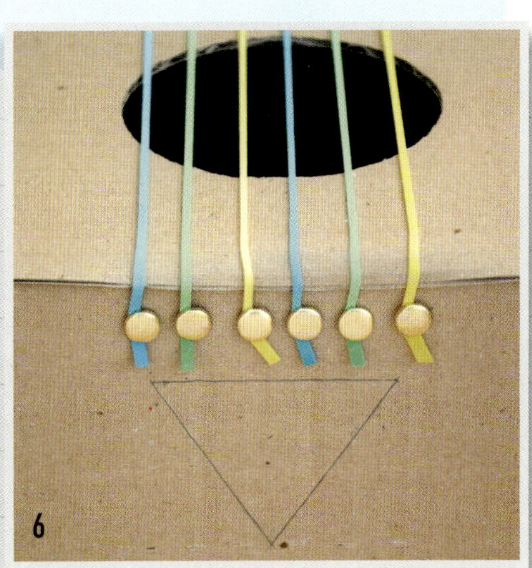

일체형 다용도 악기

이 엄마표 다용도 악기는 봉고*, 셰이커, 귀로우*를 하나로 합친 재미있는 악기랍니다.
이 악기의 최대 장점은 만들기가 식은 죽 먹기라는 거죠! 봉고를 치거나 귀로우의 옆면
을 긁어내리는 데는 젓가락이 제격이에요.

만드는 법

1. 깨끗한 깡통 속에 생쌀이나 콩을 작게 한 줌 넣어 주세요. 깡통의 가장자리는 날카롭지 않아야 해요(요즘 나오는 깡통따개로 깡통을 따면 가장자리가 매끈하게 따지지요). 깡통 대신 커피나 조제분유통을 사용해도 좋아요.

2. 풍선의 목 부분을 잘라 냅니다. 날카로운 가위를 사용할 때는 반드시 어른이 도와주어야 해요.

3. 풍선을 팽팽하게 당겨 깡통 입구에 씌워 주세요. 아이들이 좀 더 오래도록 가지고 놀 수 있게 하려면 풍선을 두 장 씌우면 됩니다.

4. 고무 밴드로 풍선을 잘 고정시켜 주세요. 이제 이 악기를 두드리고, 흔들고, 긁어서 연주하면 됩니다!

♻ 친환경 정보

이 악기 만들기에는 가정에서 버려지는 재료와 재활용품들이 사용됩니다.

준비물

- 깨끗한 빈 깡통들
- 생쌀이나 작은 콩
- 풍선들
- 가위
- 고무 밴드들

*bongo: 보통 한 쌍으로 이루어진, 손으로 연주하는 작은 드럼. *güiro: 투박한 나무통 표면을 막대기로 긁어서 소리를 내는 악기.

방울 발찌

딸랑딸랑 하고 계속 방울 소리를 내는 발찌는 춤추는 재미를 훨씬 더
해 주지요. 보기에도 아주 예쁜 이 발찌는 여러분 아이들의 친구들과
댄스 파트너들에게 멋진 선물이 될 수 있답니다.

만드는 법

1. 색깔이 예쁜 털실/실을 준비합니다. 털실을 둘로 잘라 각각의 길이가
1.2m 정도 되게 한 다음 잘라진 털실을 반으로 접어 주세요.

2. 접힌 털실 끝 부분을 함께 묶어 작은 고리 모양의 매듭을 지어 줍
니다.

3. 털실을 보드지나 스티로폼 위에 놓고 고리를 핀으로 고정시켜 주세
요. 이제 털실로 사각 매듭을 묶을 준비가 된 거랍니다.

준비물

발찌 하나당:
- 2.4m 길이의 털실/실
- 가위
- 핀
- 보드지나 스티로폼 조각
- 작은 딸랑이 방울 13개
  (지름 8mm 정도)

1

2

3

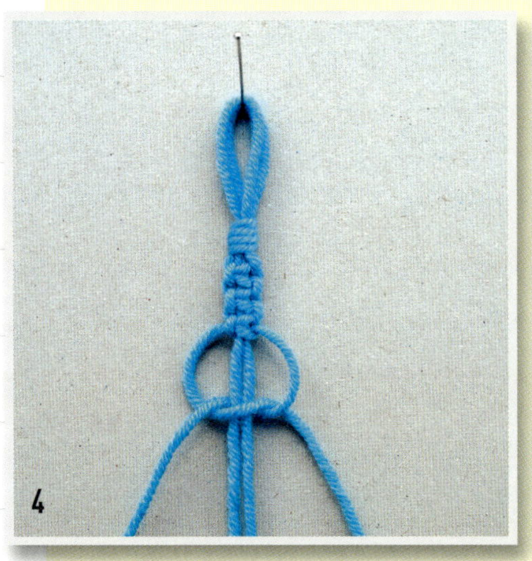

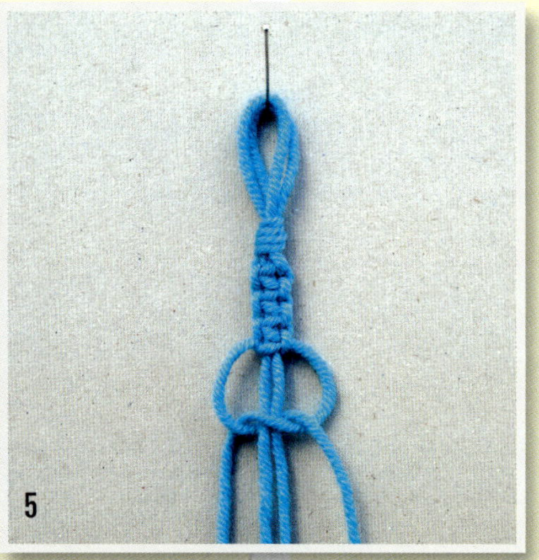

4. 사각 매듭을 묶어 주세요. 이 단계는 어른이 도와주어야 해요. 사각 매듭 묶기는 처음에 조금 까다로워 보일지 모르지만 몇 번만 해보면 익숙해질 거예요. 먼저 오른쪽 가닥을 가운데 두 가닥 위로 올려놓습니다. 그런 다음 왼쪽 가닥을 오른쪽 가닥 위로 올렸다가 가운데 두 가닥 밑으로 빼어 오른쪽 가닥에 의해 만들어진 고리를 통과시킵니다. 오른쪽과 왼쪽의 가닥을 잡고 매듭이 단단해질 때까지 살짝 당겨 주세요.

5. 이번에는 먼저 왼쪽 가닥을 가운데 두 가닥 위로 올려놓습니다. 그런 다음 오른쪽 가닥을 왼쪽 가닥 위로 올렸다가 가운데 두 가닥 밑으로 빼어 왼쪽 가닥에 의해 만들어진 고리를 통과시킵니다. 오른쪽과 왼쪽의 가닥을 잡고 매듭이 단단해질 때까지 살짝 당겨 주세요. 야호… 당신은 사각 매듭을 하나 묶은 거예요! 사각 매듭 네 개를 묶을 때까지 이 과정을 되풀이해 주세요.

6. 왼쪽 가닥에 방울 하나를 끼우고 사각 매듭 두 개를 묶습니다. 이 과정을 13번 되풀이해 주세요. 그러고는 사각 매듭 두 개를 더 묶습니다.

7. 털실을 끝에서 6cm 정도만 남기고 잘라 냅니다. 이렇게 하여 완성된 발찌를 우정의 정표로 친구의 발목에 묶어 주세요.

♻ 친환경 정보

이 발찌 만들기에는 재생 가능한 자원인 털실이 사용됩니다. 환경을 조금 더 생각하고 싶다면 입지 않는 스웨터나 털목도리를 풀어서 그 털실로 방울 발찌를 만들어 보세요.

준비물

● 기다란 보드 대롱
(우편물 포장용 대롱이 가장 좋음)
● 물로 씻을 수 있는 PVA 접착제
(순간 접착제)
● 길고 가느다란 깡통 조각/
알루미늄 포일
● 말린 콩이나 생쌀 1컵
● 색종이
● 접착테이프

레인스틱

레인스틱은 전통적으로 선인장의 몸체에서 가시를 제거한 후 말려서 그 속에 작은 조약돌을 넣어 만든 페루의 악기랍니다. 이 레인스틱을 좌우로 기울이면 비가 오는 소리가 나지요. 다행히 우리는 쓰고 버린 우편물 포장용 대롱과 생쌀로도 아주 예쁜 레인스틱을 만들 수 있답니다!

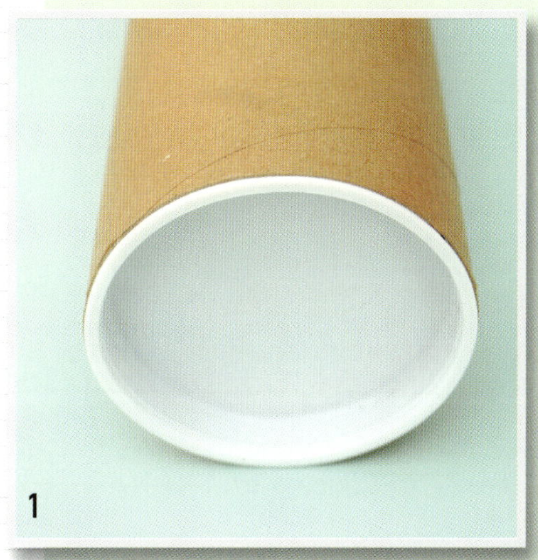

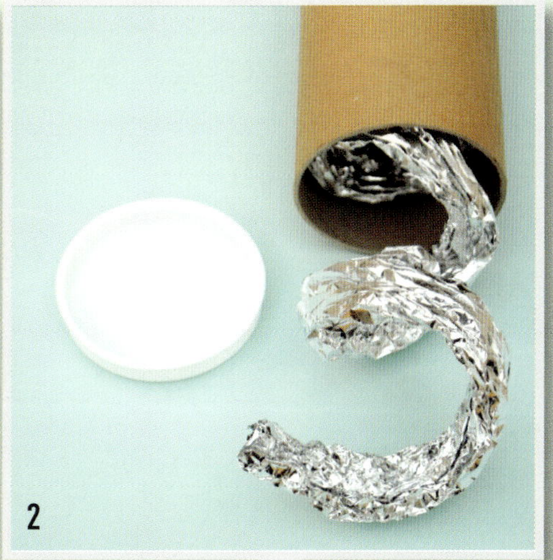

만드는 법

1. 준비한 보드 대롱의 한쪽 마구리를 밀봉해 주세요. 우편물 포장용 대롱에는 보통 플라스틱 뚜껑이 있습니다. 플라스틱 뚜껑을 접착제로 고정시켜 주세요. 뚜껑이 없으면 하드보드지로 마개를 만들어 테이프로 고정시키면 됩니다.

2. 대롱의 두 배 길이 정도의 기다란 깡통 조각이나 알루미늄 포일을 준비합니다. 그것을 구겨서 돌돌 뭉쳐 기다란 뱀 모양으로 만들어 주세요. 이 뱀을 용수철처럼 도르르 감아서 대롱 속에 넣습니다.

3. 생쌀을 대롱의 열린 쪽으로 부어 주세요.

4. 대롱의 다른 쪽 마구리를 밀봉한 다음 완성된 레인스틱을 예쁘게 장식합니다. 우리는 색종이를 오려 붙였지만 매직펜이나 크레용을 사용해도 좋아요.

힌트와 조언

레인스틱을 연주하려면 45도 정도 기울이면 된답니다. 조금씩 천천히 기울이면 비 오는 소리가 오랫동안 나지요. 레인스틱을 셰이커처럼 흔들어도 좋아요.

♻ 친환경 정보

이 레인스틱 만들기에는 가정에서 나오는 폐품과 재활용품이 사용됩니다. 깡통과 알루미늄 포일을 사용한 후에는 늘 재활용해 주세요!

유리병 실로폰

재활용품 통에 모아둔 재료로 손쉽게 만들 수 있는 멋진 악기가 또 하나 있지요.
아이들은 각 유리병 안에 든 물의 양을 줄이거나 늘려서 음의 높이를 바꾸는 실험
을 아주 좋아할 거예요.

만드는 법

1. 유리병들을 한 줄로 세워 놓고 아이들에게 주전자와 깔때기를 사용
하여 그 병에 물을 채우게 하세요. 죽 늘어선 병들 중 뒤로 갈수록 물을
조금씩 더 부어 줍니다.

2. 각 병 속에 서로 다른 식용 색소를 몇 방울씩 떨어뜨려 주세요. 추가
로 또 다른 색깔을 만들고 싶으면 두 가지 색소를 섞어도 됩니다(이렇
게 색소를 섞으면서 삼원색의 원리를 자연스럽게 설명해 줄 수 있지요).

3. 아이들에게 젓가락(나무로 만든 다른 도구를 사용해도 좋아요)을 주
고 병들을 하나씩 가볍게 두드려 보게 합니다. 그러면 아이들은 병마다
다른 소리를 낸다는 것을 알게 되지요.

힌트와 조언

유리병 실로폰을 두드릴 때는 물이 많이 담긴 병에서 낮은 소리가 나고
물이 조금 담긴 병에서는 높은 소리가 납니다. 하지만 병을 두드리는
대신 병 주둥이에 입을 대고 훅 불어 보면 그 반대라는 것을 알게 될 거
예요!

리본 링

아이들은 음악에 맞춰 춤을 추고 움직이는 것을 아주 좋아하지요. 마치 리듬체조 선수처럼 알록달록한 리본 링을 양손에 들고 흔들면 훨씬 더 재미있답니다. 리본 링을 밖으로 가지고 나가서 산들바람에 나부끼는 리본을 보는 것도 좋아요.

만드는 법

1. 먼저 서로 색깔이 다른 리본 여섯 가닥을 준비합니다. 저는 무지개 색을 사용했지만 어떤 색깔이든 구할 수 있는 것으로 준비해 주세요. 리본 한 가닥의 길이는 아이 신장에 따라 1m~1.5m 정도로 합니다.

2. 이번 단계는 반드시 어른이 도와줘야 해요. 리본 끝부분이 너덜너덜하게 풀리지 않도록 라이터로 양쪽 끝을 그슬려 주세요. 라이터의 불꽃에서 2~3mm 떨어지도록 리본의 끝을 잡고 리본의 잘린 부분이 살짝 녹기 시작할 때까지 기다리면 됩니다.

3. 리본의 한쪽 끝을 고리 안으로 통과시켜 접은 다음 포개진 부분을 실 혹은 포장용 타이로 칭칭 감아 고정시킵니다. 똑같은 과정을 여섯 번 되풀이해 주세요.

힌트와 조언

좀 더 하늘하늘하게 만들고 싶으면 공단 리본 대신 실크 리본을 사용하면 됩니다.

♻ 친환경 정보

집 안에 돌아다니는 여분의 커튼 고리가 없으면 그 대신 적당한 나무토막을 찾아 보세요.

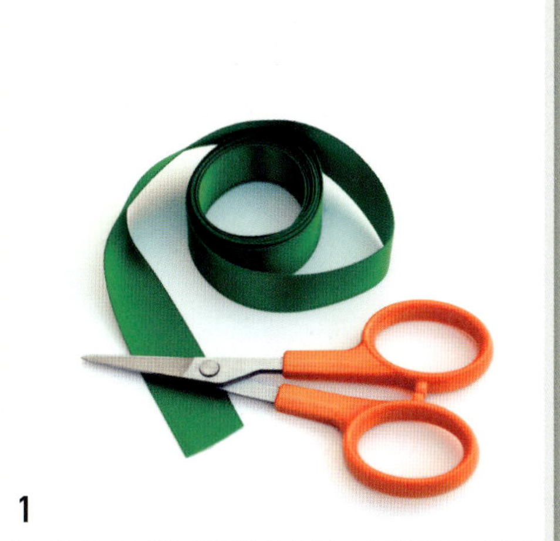

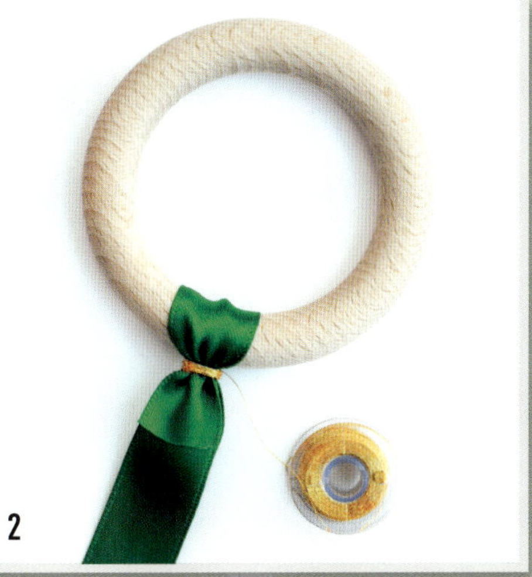

자연 사랑하기

싸앗 폭탄

아이들과 함께 씨앗 폭탄을 만들어 보세요. 씨앗 폭탄 만들기는 일종의 게릴라 원예에 참여하는 것이랍니다. 아무도 신경 쓰지 않는 버려진 공터에 새로이 꽃을 피게 하는 아주 좋은 방법이지요.

만드는 법

1. 점토를 부수어 작은 조각으로 만들어 퇴비와 함께 그릇에 담고 물을 조금 뿌려 주세요. 손이나 포크를 사용하여 점토 조각과 퇴비가 잘 섞일 때까지 맞비벼 주세요. 이 과정은 다소 지저분할 수 있으므로 비눗물을 가까이 두어서 만들기가 끝나면 빠르게 뒷정리를 할 수 있도록 해야 해요.

2. 1번의 점토와 퇴비 혼합물에 토종 야생화 씨앗 2봉을 흩뿌리고 살살 섞어 주세요.

3. 2번의 혼합물로 포도알 크기의 경단을 빚어서 쟁반 위에 올려놓습니다. 이렇게 만든 씨앗 폭탄 쟁반을 햇볕이 잘 드는 창턱에 두어 말려 주세요. 보통 24-48시간이면 다 마른답니다.

힌트와 조언

반드시 여러분이 살고 있는 지역의 토종 야생화 씨앗을 여러 가지 혼합해 놓은 것을 사용하세요! 시간이 흐르면 여기 저기서 여러분이 뿌린 야생화가 활짝 핀 것을 볼 수 있어요!

♻ 친환경 정보

이 씨앗 폭탄 만들기는 천연 재료만을 사용하므로 지역 환경에 이롭답니다.

1

2

3

자연의 돌

집 밖으로 나가고 싶다면 자연 관찰을 위해 산책하러 간다는 것이 좋은 구실이 되지요.
다음번에 자연 관찰 산책을 나갈 때는 도중에 몇 가지 자연의 보물들을 주워 오세요. 집
에 돌아와서 그 모양과 질감을 점토에 남길 수 있답니다.

만드는 법

1. 자연 관찰 산책을 나가서 점토에 재미있는 무늬를 남길 만한 여러 가
지 물건들을 주워 옵니다.

2. 점토 덩어리를 잘라서 달걀 크기의 공 모양으로 빚어 주세요.

3. 주워온 물건들을 하나씩 점토로 만든 공 위에 올려놓고 눌러 줍니다.
이렇게 하여 무늬가 생긴 점토 공들을 구이판 위에 올려놓습니다.

4. 점토 포장지에 적힌 사용설명서에 따라 자연의 돌을 구워 주세요.

힌트와 조언

자연의 물건들은 점토로 만든 공 위에 자국을 또렷이 남길 정도로 충분
히 단단해야 해요. 조개껍데기, 꽃, 나뭇잎, 콩 꼬투리 같은 것들이 자국
을 잘 남긴답니다.

♻ 친환경 정보

이 만들기에는 천연 재료들만이 사용되지요.

준비물

- 오븐 굽기 용 공작용 점토 덩어리
- 칼
- 나뭇잎, 꽃, 콩 꼬투리,
조개껍데기 같은 자연의 보물들
- 평평한 구이판
- 오븐용 장갑

1

2

3

4

벌레 집

아이들은 벌레를 좋아하지요(어떨 때는 지나칠 정도로 좋아한답니다!). 그러니
벌레들에게 애정이 담긴 통을 만들어 주어서 그들이 집으로 쓰도록 하는 것
도 좋지 않을까요?

만드는 법

1. 드릴을 사용하여 상자의 윗부분에 양쪽으로 구멍 두 개를 뚫은 다음
끈을 그 사이로 통과시켜 손잡이를 만들어 주세요(반드시 어른이 도와
주어야 해요). 다 만들고 나면 상자가 상당히 무거워질 것이므로 손잡이
는 그 무게를 감당할 만큼 충분히 튼튼해야 합니다.

2. 이번 단계는 반드시 어른이 도와줘야 해요. 준비한 상자의 깊이를 재
어 주세요. 이제 톱을 사용하여 대나무 줄기들을 상자 깊이와 같은 길
이로 자릅니다. 그런 다음 골판지를 역시 상자 깊이에 딱 맞도록 잘라
서 돌돌 말아 주세요. 필요한 대나무 줄기나 골판지 두루마리의 수는
상자의 크기에 따라 달라집니다.

3. 이제 여러분의 아이들은 상자 속에 자른 대나무 토막들과 골판지들
를 채워 넣을 수 있지요. 상자가 완전히 꽉 찰 때까지 계속 집어넣게 하
세요.

4. 완성된 벌레 집을 비바람이 들이치지 않는 건조한 공간에 매달아놓
거나 지면에 놓아두고 곤충 친구들이 이사해 들어올 때까지 기다리면
되지요.

♻ 친환경 정보

이 만들기에는 천연 재료와 재활용품들이 사용되지요. 그러므로 지역
환경과 야생 동물들에게 이롭답니다.

호두 껍데기 보트

저는 이 작은 보트들을 아주 좋아한답니다. 여러분도 이 보트들을 가지고 가까운 시냇가로 나가 처녀항해를 시킬 수 있지요. 집에서 놀고 싶다면 설거지통에 물을 담아 놓고 그 위에 보트를 띄워 보아도 좋을 거예요.

만드는 법

1. 호두 까는 기구로 호두 몇 개를 조심스럽게 까주세요. 호두 껍데기가 살짝 튀어나온 중간 부분에서 갈라지도록 까야 해요. 그렇게 해야 껍데기가 두 쪽으로 말끔하게 갈라지지요.

2. 공작용 점토로 호두 껍데기 반쪽 안에 쏙 들어갈 정도 크기의 공 모양을 빚은 다음 이 공을 나무 꼬챙이의 한쪽 끝에 꽂아 주세요. 작은 사각형 모양의 종이를 준비합니다. 종이의 양쪽 가장자리에서 약 5mm 떨어진 곳에 구멍을 두 개 뚫어 주세요. 이제 나무 꼬챙이로 만든 돛대에 종이를 끼웁니다.

3. 이제 점토로 만든 공을 호두 껍데기 안에 단단히 밀어 넣기만 하면 됩니다. 여러분은 모두 항해하러 갈 준비가 된 거지요!

새 모이통

바깥 날씨가 무시무시하게 추운 겨울철에는 깃털 있는 친구들에게 먹을 것을 좀 만들어 주면 어떨까요? 새 모이통은 만들기에 무척 재미있기도 하지만 새들이 그것 때문에 여러분을 좋아하게 될 거예요.

만드는 법

1. 젤라틴을 포장지에 적힌 사용설명서에 따라 준비합니다. 이 레시피를 위해서는 ½컵을 준비하면 됩니다. 젤라틴이 엉기기 시작할 때까지 잠시 기다려 주세요. 엉긴 젤라틴에 새 모이를 넣고 새 모이에 젤라틴이 잘 입혀질 때까지 포크로 재빨리 저어 주세요.

2. 쿠키 틀 안쪽에 기름을 조금 발라 줍니다. 그런 다음 포크로 1번의 혼합물을 쿠키 틀 안에 집어넣고 잘 눌러 주세요. 쿠키 틀을 냉장고에 넣고 굳을 때까지 한두 시간 그대로 둡니다.

3. 쿠키 틀에서 새 모이통을 조심스럽게 떼어 내어 쟁반 위에 올려놓고 완전히 말려 주세요. 상온에서는 보통 2일 정도면 다 마른답니다.

4. 모이통이 다 마르면 나무 꼬챙이로 각 모이통 중심에 작은 구멍을 낸 다음 그 구멍에 노끈을 끼워 나무에 매달아 주세요.

힌트와 조언

새 모이통을 나무에 매달 때는 먼저 그 모이통에 비바람이 들이치지 않을지를 살펴보아야 해요. 빗물이 묻으면 젤라틴이 녹아 버리거든요. 빗물에도 녹지 않는 모이통을 만들고 싶다면 젤라틴 대신 라드를 사용하면 됩니다. 만드는 방법은 간단해요. 그냥 라드를 녹여서 새 모이에 부어 만든 혼합물을 머핀 팬에 꽉 채워 넣고 굳히면 되지요.

♻ 친환경 정보

이 만들기는 우리의 깃털 있는 친구들에게 추운 겨울 동안 꼭 필요한 먹을 것을 제공해 준답니다.

재활용품으로
만들기

만화경

만화경은 어린이들에게 언제나 꾸준히 인기 있는 장난감이지요. 여러분도 가정에서 나오는 폐품으로 멋진 만화경을 만들 수 있답니다. 아이들은 만화경의 찬란한 색상과 그 안에 보이는 다채로운 모양에 온통 마음을 빼앗길 거예요.

만드는 법

1. 망치와 못을 사용하여 포테이토 칩 통 바닥의 금속 마구리에 구멍을 뚫어 줍니다(이번 단계는 반드시 어른이 도와줘야 해요).

2. 거울 시트지를 가늘고 길게 세 조각 잘라서 반사 프리즘을 만듭니다(반드시 어른이 도와줘야 해요). 잘라낸 거울 시트지 조각의 길이는 포테이토 칩 통의 높이보다 2cm 짧아야 해요. 거울 시트지 조각의 폭은 포테이토 칩 통의 마구리 지름을 재어 그 지름에 0.866을 곱한 길이로 해주세요. 이렇게 거울 시트지 세 조각이 준비되면 접착테이프로 붙여서 프리즘 모양으로 만들어 주세요.

3. 프리즘을 포테이포 칩 통 바닥의 마구리 끝까지 닿도록 밀어 넣어 줍니다. 접착테이프를 사용하여 프리즘을 고정시켜 주세요.

1

2

3

4. 포테이토 칩 통을 투명한 플라스틱 조각 위에 세워놓고 연필을 사용하여 통의 마구리 바깥쪽 선을 따라 원을 그립니다. 투명한 플라스틱에 그려진 원을 도려내어 그것을 프리즘 위에 올려놓아 주세요. 접착테이프를 사용하여 고정시킵니다. 그러면 투명한 플라스틱 원판과 마개 사이의 공간이 만화경의 오브젝트 체임버(Object Chamber)가 되지요. 그 투명한 플라스틱 위에 비즈를 부어 주세요. 비즈가 오브젝트 체임버 안에서 자유롭게 돌아다녀야 하므로 너무 많이 넣으면 안 된답니다.

5. 포테이토 칩 통을 트레이싱 페이퍼 조각 위에 세워 놓고 연필을 사용하여 통의 마구리 바깥쪽 선을 따라 원을 그립니다. 트레이싱 페이퍼의 원을 도려내어 그것을 포테이토 칩 통의 플라스틱 마개 안쪽에 대어 주세요. 그러면 트레이싱 페이퍼가 우윳빛 유리의 효과를 낸답니다.

6. 플라스틱 마개를 닫아 줍니다. 테이프나 접착제로 마개를 고정시켜 주세요. 만화경이 다 만들어지면 아이들에게 색종이, 펠트 펜/매직펜, 크레용으로 예쁘게 장식하게 하세요.

힌트와 조언

- 만화경을 만들기 전에 아이들에게 집 안을 돌아다니며 오브젝트 체임버 안에 집어넣을 여러 가지 작고 색깔이 다양한 물건들(투명한 것들이 더 좋답니다)을 찾아보게 하세요.
- 헌 쿠키/포테이토 칩 통이 없다면 그 대신 키친타월 속대로 즉석에서 대용물을 만들 수도 있답니다.

♻ 친환경 정보

이 만들기는 아직은 쓸모 있는 재료들을 재활용품 통 속에 던져 넣어 두기보다는 재사용하는 것이 중요함을 보여 줍니다.

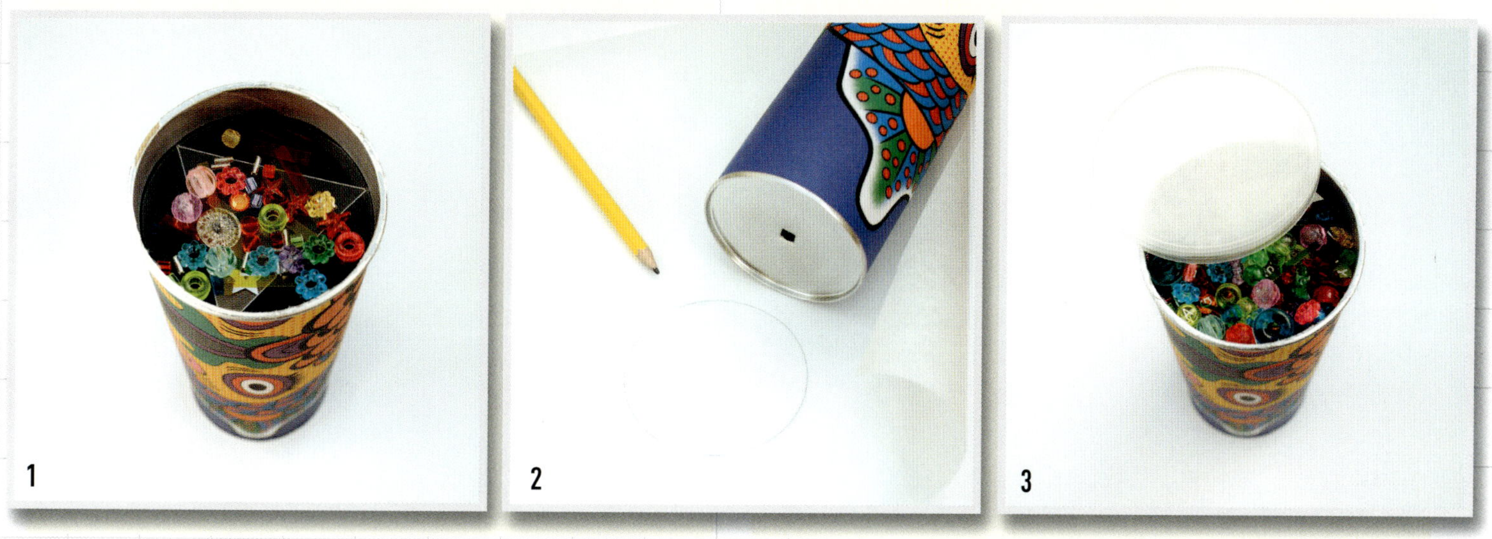

구슬 미로

전에 DIY 작업 하다가 남은 너트와 볼트들이 있다면 그것들을 다 써버리기에 아주 좋은 방법은 구슬 미로 만들기랍니다. 이 구슬 미로를 만들어 놓으면 여러분의 아이들이 한 가지 미로를 완전히 익히더라도 고무 밴드들을 이리저리 움직여서 얼마든지 새로운 미로를 만들 수 있지요!

만드는 법

1. 연필과 자를 사용하여 나무 상자 아랫면에 격자무늬를 그려 줍니다. 격자무늬 속 사각형의 개수는 상자의 크기에 따라 달라지지요. 보통은 각 사각형의 한 변의 길이를 약 3cm로 합니다.

2. 격자무늬의 교차점에 드릴로 조심스럽게 구멍을 뚫어 주세요(반드시 어른이 도와줘야 해요).

3. 상자를 뒷면에서 구멍마다 볼트를 박아 넣은 다음 상자 안쪽에 너트를 돌려 볼트를 고정시켜 주세요.

4. 이제 사진에서 보이는 것처럼 볼트에 고무 밴드를 씌워 미로를 만듭니다. 미로를 만드는 방법에 대한 정보가 필요하다면 인터넷에 '미로 만들기'를 검색해 보세요. 그러면 여러분이 쉽게 따라 할 수 있는 패턴을 찾을 수 있을 거예요.

5. 스티커로 시작/종료 지점을 표시해 주세요. 그런 다음 구슬을 집어넣고 재미있게 놀면 됩니다!

힌트와 조언

시간이 부족하거나 마땅한 나무 상자가 없다면 그 대신 납작한 택배 상자로 구슬 미로를 만들 수도 있지요. 우선 택배 상자의 네 옆면을 수평으로 잘라 내어 얕은 쟁반 모양으로 만듭니다. 그런 다음 상자 바닥에 굵은 빨대들을 꽂고 접착테이프나 접착제로 고정시켜 미로의 벽들을 만들어 주세요. 정말 빠르고 쉽답니다!

♻ 친환경 정보

이 만들기는 우편 집배원 아저씨들이 떨어뜨리고 가는 고무 밴드들을 전부 다 써버리는 좋은 방법이지요.

준비물

- 헌 나무 상자
(얕은 상자가 더 좋아요)
- 연필
- 자
- 드릴과 3mm 드릴 비트
- 너트와 3mm 볼트
- 고무 밴드
- 스티커
- 구슬

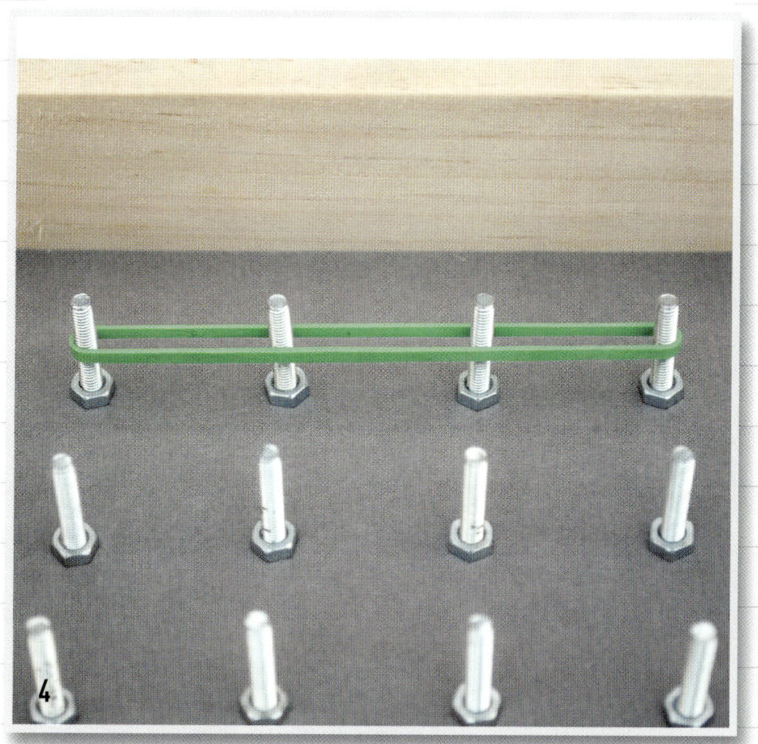

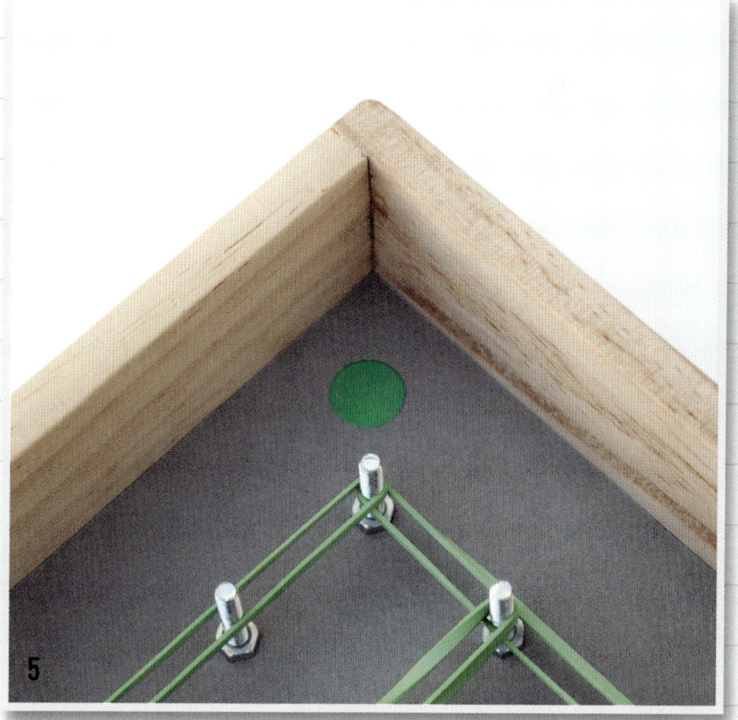

종이컵 포퍼

털실 방울 포퍼는 아주 재미있는 장난감이기도 하지만 손과 눈의 협응*을 향상시키는 데에도 기막히게 좋답니다. 그보다 더 좋은 점은 잠깐 사이에 한 개를 뚝딱 만들 수 있다는 거예요. 아이들의 파티가 있을 때나 비 오는 오후에 아주 유용하지요.

만드는 법

1. 다용도 칼이나 가위를 사용하여 종이컵의 바닥 부분을 조심스럽게 도려 냅니다(이 단계는 반드시 어른이 도와줘야 해요).

2. 불지 않은 풍선의 목 부분에 매듭을 묶어 주세요. 가위를 사용하여 그 반대쪽을 조금 잘라 냅니다.

3. 풍선의 잘라낸 구멍을 늘려서 종이컵의 맨 아랫부분에 씌워 주세요. 그 위에 고무 밴드를 감아서 풍선을 단단히 고정시켜도 좋을 것 같아요.

4. 완성된 포퍼를 가지고 놀려면 우선 털실 방울을 컵 속에 집어넣고 풍선의 매듭을 잡아당겨 주세요. 이렇게 매듭을 잡아당겼다가 놓으면 털실 방울은 컵 밖으로 튀어 올라간답니다. 다시 떨어지는 털실 방울을 컵으로 받아 보세요.

힌트와 조언

주변에서 털실 방울을 구할 수 없다면 종이를 돌돌 뭉쳐서 공 모양으로 만들어 사용하면 되지요. 무엇이든 가벼운 물건을 사용하는 게 좋아요. 그래야 아이들이 천장을 움푹 파이게 하거나 다른 사람의 머리에 상처를 만들지 않을 거예요.

♻ 친환경 정보

이 만들기는 테이크아웃 음료를 담았던 종이컵을 재사용하는 좋은 방법이에요. 종이컵을 먼저 잘 씻어서 말린 다음 재활용품 통에 모아 두었던 선물 포장지 조각으로 옆면을 씌워 장식해 주세요.

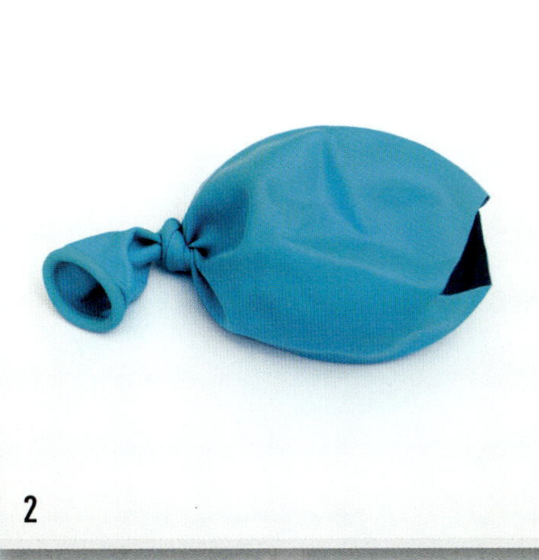

*hand-eye coordination: 손과 눈의 동작을 일치시키는 능력.

자석 낚시놀이

낚시놀이는 만들기 쉬울 뿐만 아니라 욕조 안이나 어린이용 물놀이장에서 가지고
놀아도 아주 재미있답니다. 낚싯대를 사용하여 가능한 한 많은 클립 물고기를 잡아
보세요.

1

2

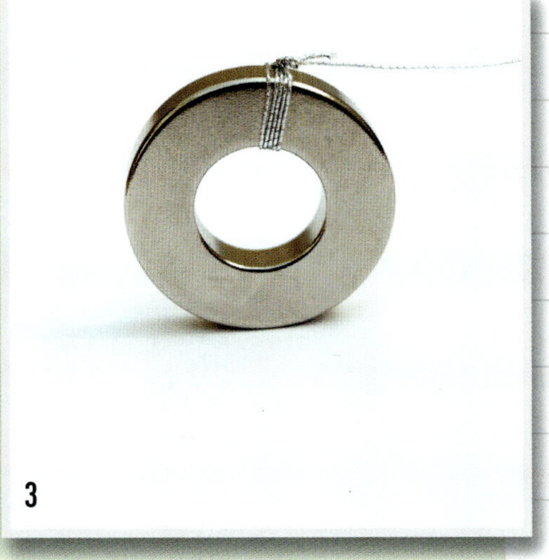

3

만드는 법

1. 낚싯대로 사용할 만한 가는 막대기를 찾아보세요. 막대기를 적당한
크기로 자른 다음 양쪽 끝부분을 사포로 문질러 매끄럽게 다듬고 마디
같은 것이 있으면 다용도 칼로 밀어 줍니다. 그런 다음 막대기의 한쪽
끝부분에 드릴로 작은 구멍을 뚫어 주세요(이 단계는 반드시 어른이 도
와줘야 해요).

2. 막대기 끝 부분에 뚫어놓은 구멍에 철사나 실을 꿴 다음 막대기에 감
아서 고정시킵니다.

3. 철사나 실의 다른 쪽 끝에 자석을 묶어 주세요.

4. 이 책의 119쪽에 나오는 물고기 도면을 복사합니다. 그 도면을 오려
내어 아세테이트지나 플라스틱 폐품 위에 올려놓아 주세요. 물고기 모
양대로 선을 그린 다음 그 선을 따라 오려 냅니다.

5. 물고기의 코끝에 구멍을 뚫고 그 구멍에 클립을 끼워 주세요.

힌트와 조언

● 이 만들기에는 여러 가지 색깔의 아세테이트지가 사용됐지요. 하지만 그 대신 재활용품 통에 모아 두었던 플라스틱 폐품, 못쓰는 종이, 하드보드지를 사용해도 된답니다. 만일 하드보드지를 사용하여 물고기를 만들었다면 욕조 안에서 낚시놀이를 해서는 안 되겠죠?

● 끈의 길이를 더 짧게 해주면 아주 어린 친구도 재미있게 낚시질을 할 수 있지요.

● 여러분의 아이들이 물가에서 놀 때는 잠시라도 그들에게서 눈을 떼면 안 됩니다.

준비물

● 가는 막대기 ● 톱 ● 사포
● 다용도 칼/가위 ● 드릴
● 튼튼한 실
(혹은 끈/털실/철사) 50cm
● 자석(우리는 네오디뮴 고리 자석을 사용했어요)
● 여러 가지 색깔의
아세테이트지
● 연필 ● 클립 ● 펀치

비눗방울 탐구용 병

여러분의 아이들이 과학을 좋아한다면 이 비눗방울 탐구가 폭발적인 인기를 끌 거예요. 이 비눗방울 탐구용 병은 만들기 쉬울 뿐만 아니라 가지고 놀기에도 아주 재미있답니다. 병을 흔들어서 다양한 색깔의 비눗방울이 병을 가득 채우는 모습을 관찰해 보세요.

만드는 법

1. 깨끗한 페트병에 물을 밑에서 2.5cm 높이까지 올라오도록 부어 줍니다. 그 안에 주방용 세제를 넉넉하게 짜 넣어 주세요.

2. 이제 식용 색소 몇 방울을 병 안에 떨어뜨립니다. 선명한 빨간색이나 초록색이면 좋을 것 같아요.

3. 병뚜껑을 돌려서 단단히 닫아 주세요. 뚜껑 주위에 절연 비닐테이프를 감아서 내용물이 새어나오지 않도록 합니다. 병을 흔들면 색깔이 아주 예쁜 비눗방울이 생긴답니다.

힌트와 조언

● 비눗방울 탐구용 병을 만들 때는 작은 페트병을 사용하세요. 어린이들이 손에 쥐고 다루기에는 작은 병들이 훨씬 더 쉽답니다.
● 이 비눗방울 탐구용 병은 아기들에게도 훌륭한 장난감이 되지요(자기병은 예외랍니다). 내용물이 새어나올까 봐 걱정된다면 테이프를 감기 전에 글루 건*으로 뜨거운 접착제를 쏘아 뚜껑을 병에 완전히 붙여 주세요.

*glue gun: 기다란 원통 모양의 열가소성 플라스틱 접착제를 녹여서 쏘아 내는 도구.

여러가지 탐구용 병

여러분은 귀여운 아이들과 함께 반짝이가 가득 찬 끈적끈적한 병에서부터 거품이 일어나는
바다 장면을 보여 주는 병에 이르기까지 여러 가지를 관찰할 수 있는 병을 만들 수 있답니다.

반짝이 탐구

페트병에 ¼만큼 찰 때까지 액상 글루코오스 시럽을 넣어 주세요. 그 안에 반짝이 ½큰술을 넣습니다. 병뚜껑을 돌려서 단단히 닫아 주세요. 뚜껑 주위에 절연 비닐테이프를 감아서 내용물이 새어나오지 않도록 합니다. 병을 돌리면서 그 안에서 반짝반짝 빛나는 혼합액이 천천히 흐르며 움직이는 모습을 관찰해 보세요.

바다 탐구

페트병에 ⅓만큼 찰 때까지 물을 넣어 주세요. 그 안에 파란색 식용 색소를 몇 방울 떨어뜨립니다. 베이비오일이나 식용유를 넣어 병을 ⅔만큼 채운 다음 자그마한 장난감 배나 물고기를 넣어 주세요. 병뚜껑을 돌려서 단단히 닫아 주세요. 뚜껑 주위에 절연 비닐테이프를 감아서 내용물이 새어나오지 않도록 합니다. 병을 돌리면 그 안에서 물결이 부드럽게 일어나는 모습이 보일 거예요. 또한 병을 흔들어서 기름과 물을 섞어 놓고 그 두 가지가 어떻게 다시 나누어지는지를 관찰할 수도 있지요.

정전기 탐구

티슈를 사각형 모양으로 몇 개 오려 주세요. 그렇지 않으면 폴리스티렌 공이나 그냥 폴리스티렌을 잘게 부숴 놓은 조각들을 사용해도 됩니다. 페트병에 티슈페이퍼/폴리스티렌을 넣어 주세요. 그 안에 물을 넣어서는 안 됩니다! 병뚜껑을 돌려서 단단히 닫아 주세요. 뚜껑 주위에 절연 비닐테이프를 감아서 내용물이 새어나오지 않도록 합니다. 병의 바깥쪽을 옷에 문질러서 티슈/폴리스티렌 조각들이 병의 옆면에 달라붙는 모습을 관찰해 보세요!

자석 탐구

빈 페트병에 클립, 핀, 너트, 못 쓰는 장신구 같은 작은 금속 제품들을 한 줌 넣어 줍니다. 병뚜껑을 돌려서 단단히 닫아 주세요. 뚜껑 주위에 절연 비닐테이프를 감아서 내용물이 새어나오지 않도록 합니다. 병의 바깥쪽으로 커다란 자석을 돌아가며 문질러서 병 속의 작은 물체들을 마음대로 움직여 보세요.

♻ 친환경 정보

이 과학 탐구는 재활용품 통 안에 쌓이는 페트병들을 재사용하는 멋진 방법이랍니다.

골판지 성

골판지로 만드는 성(城)은 손수 만들어서 친구에게 줄 수 있는 멋진 선물이 될 뿐만 아니라 비용도 많이 들지 않는답니다. 아이들은 이 성을 가지고 놀기 전에 성의 외벽을 원하는 대로 장식하느라 한동안 대단히 즐거운 시간을 보내게 되지요.

만드는 법

1. 이 책의 116-118쪽에 나오는 성 만들기 도면들을 확대복사한 다음 모두 오려 주세요.

2. 못 쓰는 골판지 조각 위에 도면 한 개를 올려놓고 연필로 그대로 그려 주세요.

3. 성 모양들을 오려 내고 금속 자와 다용도 칼을 사용하여 안쪽의 구멍들도 잘라 냅니다(이 단계는 반드시 어른이 도와줘야 해요).

4. 성 모양들을 모두 다 오려낸 다음에는 아래 4번 사진에서 보이는 대로 조립해 주세요.

힌트와 조언

성이 다 만들어지면 아이들에게 예쁘게 장식하게 하세요. 그림물감은 골판지를 눅눅하게 만들 테니 펠트 펜/매직펜이나 크레용을 사용해야 해요.

♻ 친환경 정보

이 만들기는 새로 산 전기제품이나 가구가 배달되어 올 때 나오는 대형 골판지 상자를 재사용하는 멋진 방법이랍니다.

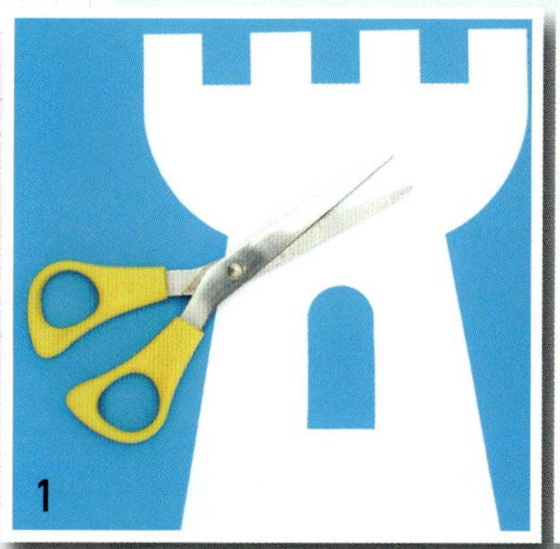

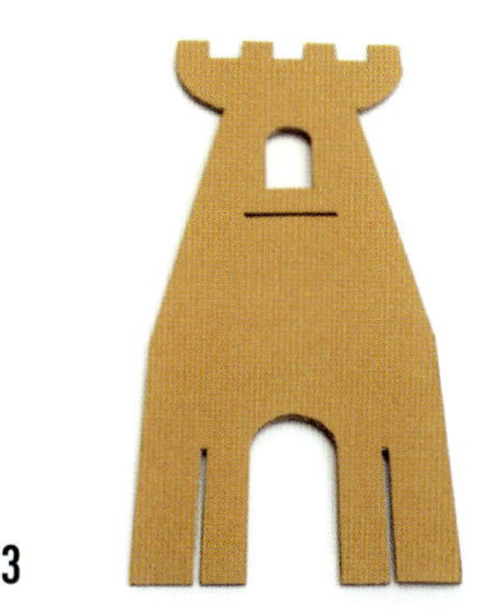

종이와 색상지로 만들기

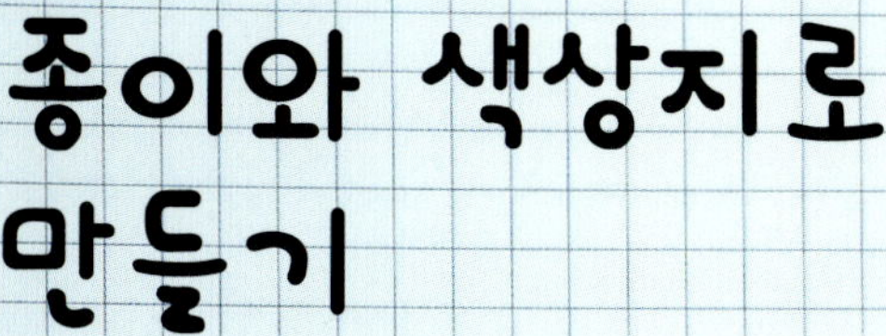

그림자놀이

이 그림자놀이는 아이들이 손전등/랜턴을 손에 들고 어둠 속에서 집 안을 뛰어 돌아다니게 하는 좋은 구실이 된답니다. 햇살이 내리쬐는 창가에서도 그림자놀이를 할 수 있지요.

만드는 법

1. 이 책의 120쪽에 나오는 도면들을 복사합니다. 도면들을 오려 내어 색상지 위에 올려놓고 그 모양대로 그려 주세요.

2. 다용도 칼(반드시 어른이 도와줘야 해요)이나 가위를 사용하여 1번에서 그려진 모양들을 잘라 냅니다.

3. 접착테이프를 사용하여 각 모양의 뒷면에 튼튼한 막대기를 붙여 주세요.

4. 방 안의 커튼을 모두 내리고 손전등/랜턴을 사용하여 벽에 여러 가지 모양들의 그림자를 만들어 봅니다.

힌트와 조언

여러분의 아이들이 스스로 다양한 모양을 만들고 싶어 한다면 그 아이들이 자기들만의 그림자 인형극을 만들도록 도와주세요. 커다란 택배 상자, 흰 종이, 조명만 있으면 된답니다. 인형극 리허설이 끝나면 팝콘을 큰 그릇으로 하나 가득 만들어 놓고 그림자 인형극을 보러 오라고 가족들을 불러 모으세요.

♻ 친환경 정보

충전식 손전등/랜턴을 사용하면 훨씬 더 환경 친화적인 그림자놀이를 할 수 있어요.

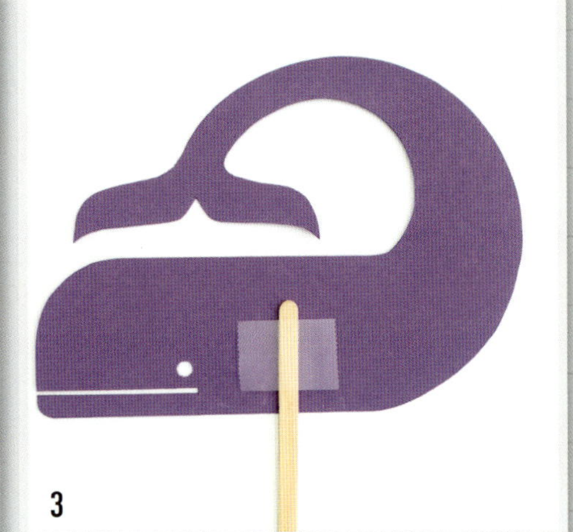

사랑의 유리병

이 '사랑의 유리병'은 여러분의 아이들이 직접 만들어서 사랑하는 사람에게 줄 수 있는 재미있는 선물이랍니다. 특별한 메시지를 적은 흰 종이나 직접 그린 그림을 돌돌 말아서 유리병 안에 집어 넣어 주세요.

준비물

- 작은 유리병
- 물
- 흰 종이
- 가위
- 펜이나 색연필
- 끈
- (결혼식 등의 특별 행사 때 뿌리는) 색종이 조각
- 반짝이

만드는 법

1. 작은 유리병을 준비합니다. 따뜻한 물로 라벨을 제거한 다음 완전히 말려 주세요.

2. 흰 종이를 가로 길이가 병의 높이를 넘지 않게 잘라서(반드시 어른이 도와줘야 해요) 여러분의 아이들에게 그 위에 특별한 메시지를 적거나 그림을 그리게 합니다. 그 종이를 돌돌 말아서 예쁜 실로 묶어 주세요.

3. 위 2번의 메시지를 여러 가지 색깔의 색종이 조각, 반짝이, 그 외의 정표와 함께 유리병 안에 넣습니다. 뚜껑을 닫아서 사랑하는 사람에게 주세요.

♻ 친환경 정보

재활용품을 사용하여 손수 집에서 만든 선물은 상점에서 산 것보다 훨씬 더 환경 친화적이지요.

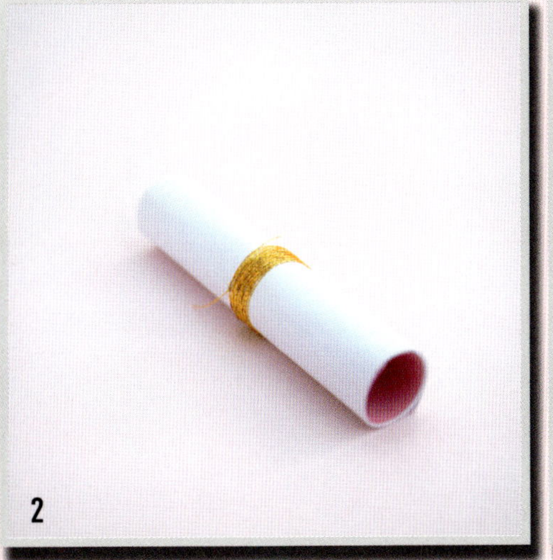

날아라, 종이비행기

이 비행기는 손과 눈의 협응을 향상시키는 데 아주 좋은 장난감이랍니다. 아이들이 이 비행기를 잘 날리는 요령을 익히게 되면 우리는 얼른 피할 준비를 해야 해요. 비행기는 아주 멀리 날아갈 수 있거든요.

- A5 사이즈의 종이 혹은 잡지 오린 것
- 펀치
- 고무 밴드
- 하드 막대기/공작용 막대기

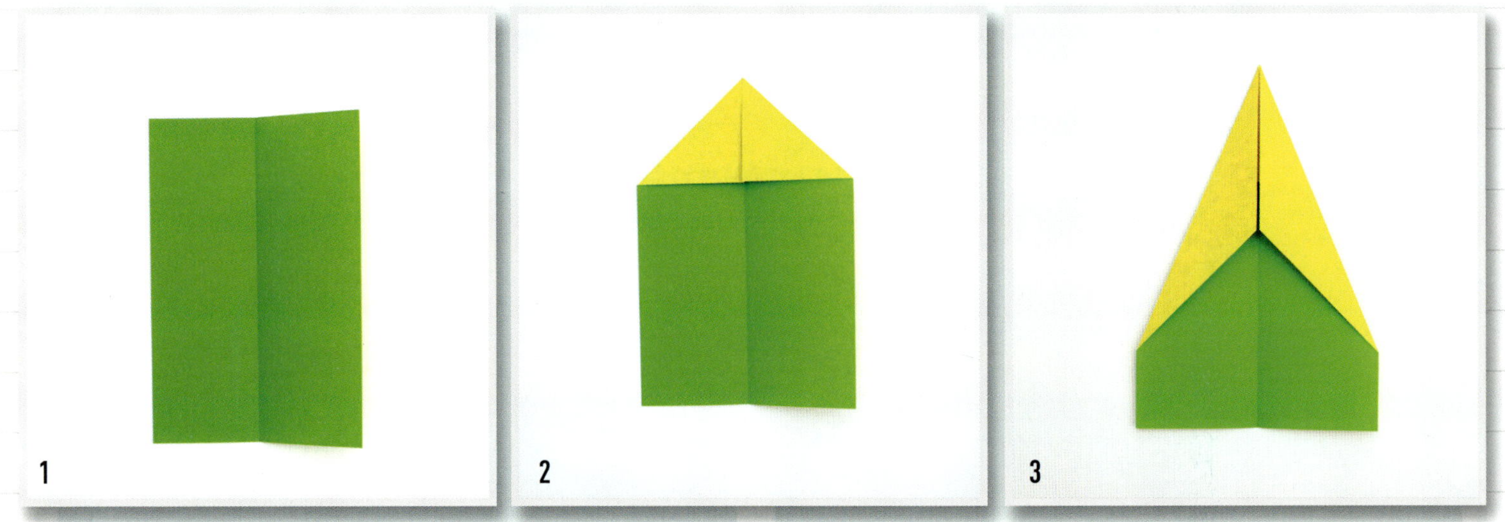

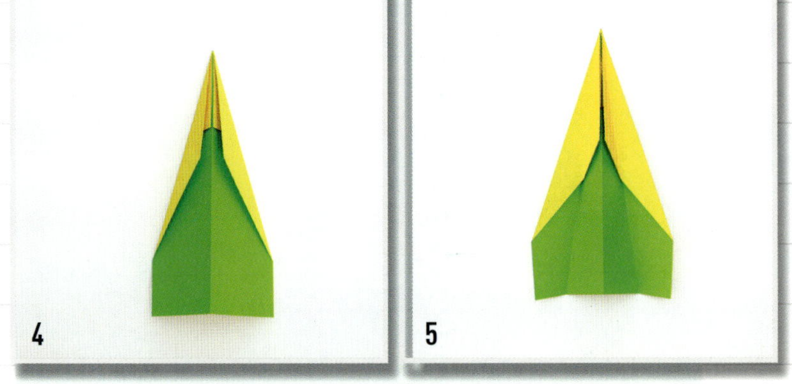

만드는 법

1. 종이를 세로로 반을 접습니다. 꾹꾹 눌러서 접은 선을 깔끔하게 만든 다음 다시 펴주세요.

2. 위 2번 사진에서 보이는 대로 윗부분의 양쪽 모서리를 중심선에 맞추어 접습니다.

3. 위 3번 사진에서 보이는 대로 다시 중심선에 맞춰 양쪽 모서리를 접어 주세요.

4. 중심선을 따라 접어 주세요(그러면 접은 선이 위를 향하게 되지요).

5. 긴 모서리를 중심선에 맞춰 접어서 두 개의 날개 주름을 만들어 주세요. 그러면 접힌 부분의 끝이 산접기한 선과 만나게 된답니다. 꾹꾹 눌러서 접은 선을 만들어 주세요.

6. 아래 6번 사진에서 보이는 대로 비행기의 아래 부분에 펀치로 구멍을 뚫어 주세요.

7. 엄지와 검지로 고무 밴드를 꼭 집어서 고리 모양의 한쪽 끝을 종이비행기에 뚫어 놓은 구멍 속으로 밀어 넣습니다. 고무 밴드의 다른 쪽 끝을 고리 속으로 빼낸 다음 가만히 당겨서 팽팽하게 만들어 주세요.

8. 하드 막대기/공작용 막대기는 훌륭한 발사장치가 되지요. 막대기의 윗부분에 예쁜 색깔의 고무 밴드를 감아서 표지로 삼습니다. 막대기의 윗부분에 비행기의 고무 밴드를 고리 모양으로 걸친 다음 고무줄이 팽팽해질 때까지 비행기를 뒤로 당겼다가 놓아 주세요.

힌트와 조언

● 아이들은 종이비행기를 예쁘게 장식하는 데 아주 큰 즐거움을 느낄 거예요. 종이가 눅눅해지는 것만 피해 주세요.

● 비행기를 날릴 준비가 되면 비행기가 생각보다 아주 멀리 날아간다는 것을 명심해야 해요. 비행기를 망가뜨리거나 누군가를 다치게 만들지 않으려면 실외로 가지고 나가는 것이 좋겠지요!

6

7

팩맨 모빌

혹시 옛날 생각이 나시나요? 그렇다면 팩맨 모빌을 만들어서 여러분의 아이들에게 1980년대 어린이들의 우상을 소개시켜 주세요. 팩맨 모빌을 아이들 방 천장에 매달아 놓고 공중에서 맴도는 눈에 익은 유령들을 관찰해 보세요.

만드는 법

1. 이 책의 121쪽에 나오는 팩맨과 유령 도면들을 복사합니다. 도면들을 오려 내어 여러 가지 색깔의 색상지 위에 올려놓아 주세요. 그 모양대로 선을 그린 다음 가위(어린이들)나 다용도 칼(반드시 어른이 도와줘야 해요)을 사용하여 잘라 냅니다. 팩맨과 유령들은 각기 같은 색으로 앞면과 뒷면을 다 오려 두어야 해요.

2. 유령 모양으로 오려낸 색상지의 눈 역할을 할 구멍 위에 투명한 플라스틱을 올려놓고 테이프로 고정시킵니다. 검정색 색지로 눈동자가 될 작은 원 모양 두 개를 잘라내어 플라스틱의 중심에 놓아 주세요. 테이프/접착제로 고정시킵니다.

3. 팩맨과 각 유령 모양의 뒷면에 20cm 길이의 굵은 면실을 테이프로 붙여 주세요. 그 위에 앞면을 올려놓고 테이프나 접착제로 고정시킵니다. 이렇게 실에 매달린 유령이 네 개 필요하지요.

4. 평평한 면 위에 빨대를 올려놓고 빨대의 양쪽 끝에 유령이 매달린 실 하나씩을 묶어 주세요. 이렇게 양쪽에 유령이 매달린 빨대 두 개를 만듭니다. 그런 다음 팩맨을 다른 빨대의 중심에 묶어 주세요. 그 빨대의 양쪽 끝에 서로 다른 길이의 실을 묶고 그 면사 끝에 유령이 매달린 빨대 하나씩을 묶어 주면 됩니다.

힌트와 조언

여러분의 모빌을 만들 때는 창의성을 발휘하여 달과 별, 소박한 꽃, 자동차 같은 모양들을 매달아도 됩니다. 아이들이 그림그리기를 좋아한다면 직접 도형을 그리고 원하는 색깔의 색상지를 골라 보게 하는 건 어떨까요?

♻ 친환경 정보

이 만들기에는 버리는 잡지 종이를 사용해도 됩니다.

준비물

● 색상지(빨간색, 오렌지색, 파란색,
   노란색, 검정색)
● 연필
● 가위/다용도 칼
● 투명한 플라스틱/아세테이트 시트
   폐품
● 양면테이프/접착제
● 굵은 실(면사綿絲)
● 빨대

종이 점핑 빈*

이 점핑 빈은 어린이이라면 누구나 좋아하는 장난감을 집에서 만들어본 것이랍니다. 아이들은 콩에 얼굴과 모양을 그리느라 즐거운 시간을 보낼 거예요. 누구나 하나씩 가지고 놀고 싶어 할 테니 점핑 빈을 여러 개 만들어 놓으세요.

준비물

- 연필
- 가위
- 색종이 혹은 색상지
- 크레용이나 펜
- 접착테이프
- 구슬들

만드는 법

1. 이 책의 119쪽에 나오는 도면을 복사합니다. 도면을 오려내어 색상지 위에 올려놓아 주세요. 그 모양대로 선을 그린 다음 선을 따라 오려냅니다(반드시 어른이 도와줘야 해요). 아래 1번 사진에서 보이는 대로 두 면의 한가운데에 얼굴을 그려서 여러분의 점핑 빈에 생명을 불어넣어 주세요.

2. 오려낸 색지를 얼굴을 아래로 하여 평평한 면 위에 올려놓습니다. 도면에 표시된 대로 점선을 따라 접어 주세요.

3. 아래 3번 사진에서 보이는 대로 긴 부분의 한쪽을 접어서 양쪽 옆에 달린 꼭지들과 만나게 합니다. 접착테이프로 고정시켜 주세요.

4. 뒷면에 나오는 4번 사진을 참조하여 점핑 빈 안에 구슬을 넣습니다.

5. 뒷면에 나오는 5번 사진을 참조하여 긴 부분의 다른 쪽도 접어서 붙여 주세요. 접착테이프를 사용하여 붙인 부분이 떨어지지 않도록 잘 고정시킵니다.

♻ 친환경 정보

이 만들기는 헌 구슬의 수명을 연장하는 훌륭한 방법이지요.

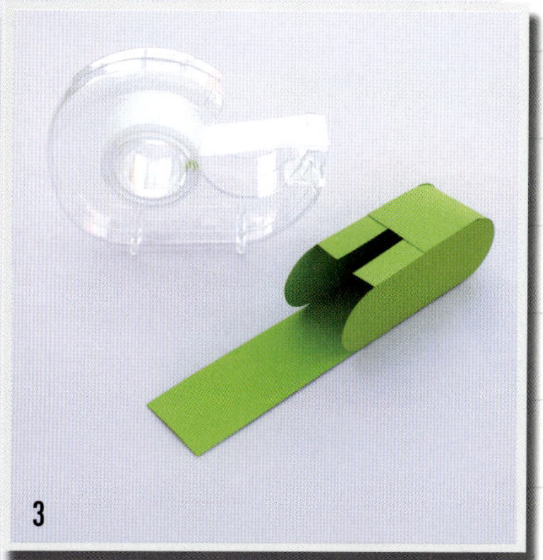

힌트와 조언

● 아이들은 점핑 빈을 예쁘게 장식하느라 한동안 즐거운 시간을 보낼 수 있습니다. 점핑 빈을 장식하려면 콩 모양을 오려내기 전에 해야 하고 종이가 눅눅해지지 않도록 해야 한다는 것만 주의하세요!

● 점핑 빈이 다 만들어지면 아이들은 바닥 표면이 달라짐에 따라 점핑 빈의 움직임이 어떻게 달라지는지를 실험해볼 수 있습니다. 경사면과 수평면, 매끈한 표면과 거친 표면 중 어떤 쪽이 빈이 움직이는 속도를 더 빠르게 할까요?

● '눈을 떼지 못할 정도로 정말 멋진' 점핑 빈을 만들고 싶다면 색지 대신 고운 사포를 사용해 보세요.

알고 계셨나요?

● 점핑 빈은 진짜 콩은 아니고 멕시코의 사막 지역에서 자라는 세바스치아나 파보니아나(Sebastiana pavoniana)라는 나무의 씨앗이라고 해요.

● 점핑 빈은 정확히 말하면 씨앗이 들어 있던 꼬투리랍니다. 그 안에서 작은 회색 나방의 애벌레가 돌아다니며 속을 파먹지요. 꼬투리 안에 있는 씨앗을 다 파먹은 후 나방의 애벌레는 엄청난 힘으로 꼬투리의 한쪽 부분에서 다른 쪽 부분으로 몸을 던지고 그 바람에 꼬투리가 '점프'를 하게 되는 거예요.

4

5

바느질하기와 엮기

종이 비드 목걸이

종이 비드 만들기는 긴장을 푸는 데 아주 좋을 뿐만 아니라 어린이의 고사리 같은 손에는 실을 꿰는 좋은 연습이 됩니다. 이 종이 비드 목걸이는 여러분의 마음에도 꼭 들어서 여러분 자신들을 위해 숨겨 놓으려고 할지도 몰라요.

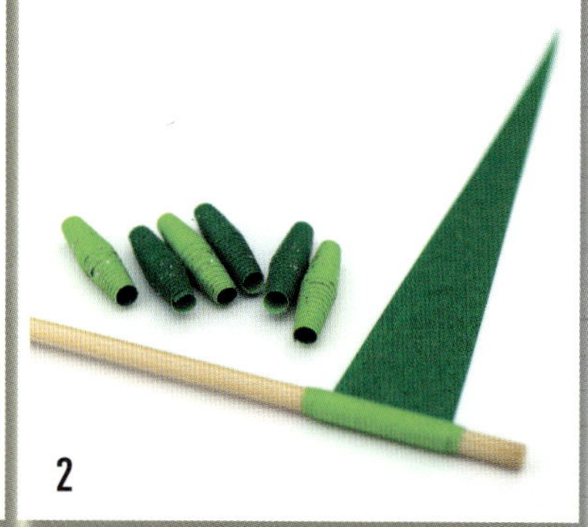

만드는 법

1. 가로 15cm 세로 15cm의 종이접기용 종이를 준비합니다. 한 변이 15cm 또 한 변이 2cm인 삼각형 20-30개를 그려 주세요. 가위(어린이)나 다용도 칼과 금속 자(반드시 어른이 도와줘야 해요)를 사용하여 삼각형 모양들을 잘라 냅니다.

2. 길이 2cm의 한 변에서 시작하여 종이를 연필이나 꼬챙이에 감아 주세요. 삼각형의 뾰족한 꼭짓점에서 약 2cm 남으면 그 부분에 접착제 한 방울을 떨어뜨린 다음 계속하여 끝까지 감습니다.

3. 꼭짓점 부분을 양 손가락으로 꼭 잡은 채 접착제가 완전히 굳을 때까지 기다려 주세요. 그런 다음 종이 비드를 조심스럽게 꼬챙이에서 미끄러뜨려 빼내어 말립니다.

4. 종이 비드 20-30개 정도를 만든 후에는 튼튼한 실을 길게 잘라 내어 종이 비드와 종이꽃을 번갈아 꿰어 주세요.

힌트와 조언

● 여러분의 아이들이 참을성 있는 성격이라면 조금만 도와줘도 어렵지 않게 스스로 비드를 만들 겁니다. 종이를 감을 때는 꼬챙이보다는 연필을 사용하게 하세요. 아이들이 테이블 위에 연필을 굴려서 종이의 나머지 부분을 감게 하고 끝 부분에 접착제를 한 방울 떨어뜨리게 도와주세요.

● 종이 비드가 좀 더 오래가도록 하고 싶다면 아크릴 유약을 입히면 되지요.

● 종이꽃은 공작용 펀치를 사용하여 만들어도 되지만 상점에서 비슷한 것을 살 수도 있답니다.

● 종이를 감아서 비드를 만들 시간이 없다면 그 대신 예쁜 색깔의 빨대를 잘라서 실에 꿰어 보세요.

종이 상자 베틀

직물을 짜는 법을 배우는 데는 값비싼 장비가 필요하지 않아요. 튼튼한 종이 상자 하나, 쓰다 남은 몇 가지 밝은 원색의 털실 약간, 사랑스러운 어린이의 끝없는 열정만 있으면 된답니다.

만드는 법

1. 상자의 양쪽 짧은 모서리를 따라가며 구멍 뚫을 점들을 표시합니다. 우선 짧은 모서리의 길이를 재어 한가운데에 점을 찍어 주세요. 그런 다음 양쪽으로 약 1cm 간격으로 점 다섯 개를 찍습니다. 이제 날카로운 짜깁기 바늘을 사용하여 점을 표시한 부분에 구멍을 뚫어 주세요.

2. 긴 털실을 꿴 짜깁기 바늘로 아래 2번 사진에서 보이는 대로 엮고 끝부분에 매듭을 묶습니다. 오른쪽에서 시작하여 상자에 뚫어 놓은 구멍을 모두 통과하여 털실을 엮어 주세요. 왼쪽 끝까지 다 엮은 다음에는 매듭을 묶기 전에 혹시 느슨한 부분이 없는지 확인하여 팽팽하게 당겨주어야 해요. 세로로 길게 뻗쳐 있는 이 털실은 날실이라 불린답니다.

3. 또 다른 긴 털실을 꿴 짜깁기 바늘을 사용하여 날실을 위아래로 넘나들며 직물을 짜나가기 시작하세요. 아래 3번 사진에서 보이는 것처럼 줄이 바뀔 때마다 날실 위아래를 번갈아 넘나들어야 해요. 베틀을 가로로 지나가는 이 털실은 씨실이라 불리지요.

4. 진짜 베틀에는 '바디'라 불리는 것이 있어서 씨실이 한 줄 지나갈 때마다 날실을 고르는 역할을 한답니다. 우리는 그 대신 하드 막대기/공작용 막대기를 사용했는데 바디 구실을 정말 잘 하더라고요!

힌트와 조언

● 어린이들은 짜깁기 바늘보다 하드 막대기/공작용 막대기로 베를 짜는 게 더 쉽다고 느낄지도 몰라요. 막대기의 한쪽 끝에 구멍을 뚫고 그 구멍에 긴 털실을 꿰어 주고 아이들에게 날실을 통과하여 짜나가게 하세요.

● 이 만들기를 할 때는 종이 상자에 구멍 뚫을 점을 표시하고 실제로 구멍을 뚫는 작업은 여러분이 해주세요. 그런 다음 아이들을 도와 날실을 엮고 씨실로 직물을 짜게 하세요.

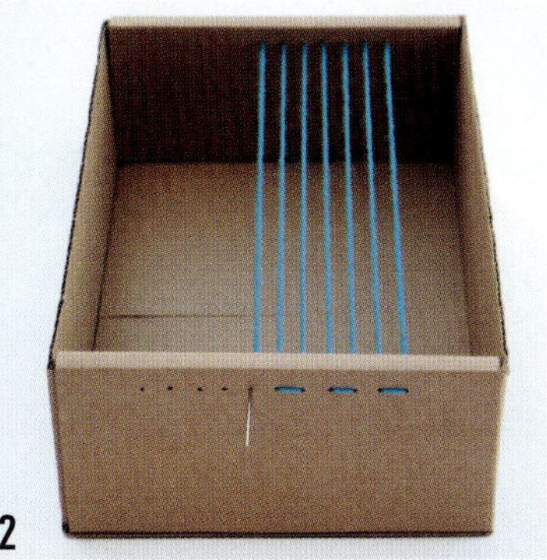
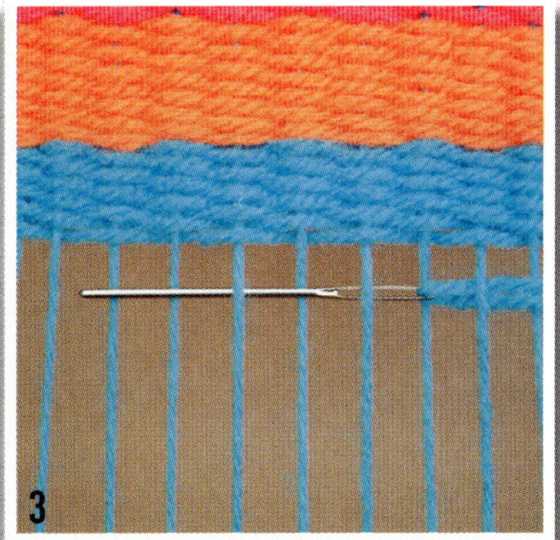
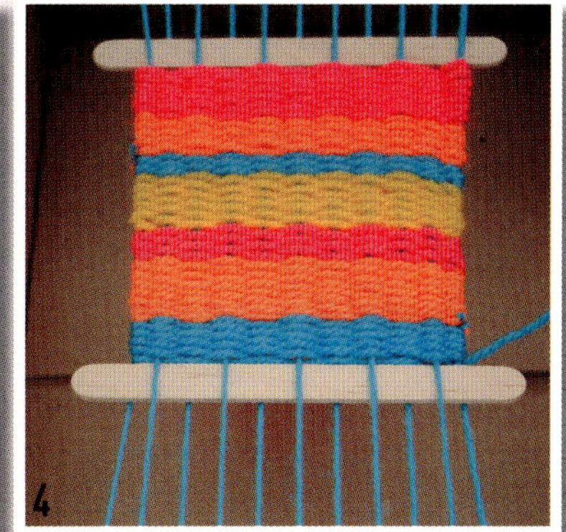

양말 목마

이 대단히 귀여운 목마는 헌 양말과 빗자루 손잡이로 만든 것이랍니다. 이 목마는 어른이라야 잘 만들 수 있지만 일단 완성되면 상상력이 풍부한 모든 어린이에게 완벽한 엄마표 선물이 되지요.

만드는 법

1. 먼저 목마의 눈을 만들어 주세요. 우선 펠트 천에서 지름 약 3cm 되는 원 모양 두 개를 오려 냅니다. 각 원의 중심에 작은 구멍을 뚫고(반드시 어른이 도와주어야 해요) 그 구멍에 뒷부분이 볼트 모양으로 생긴 플라스틱 장난감 눈을 끼워 넣어 주세요.

2. 가위의 뾰족한 끝을 사용하여(반드시 어른이 도와주어야 해요) 양말의 눈이 있어야 할 위치에 작은 구멍을 뚫습니다. 이제 볼트 모양의 눈을 그 구멍에 끼워 넣고 플라스틱 나사받이를 사용하여 눈을 단단히 고정시켜 주세요.

3. 양말 속에 봉제완구 충전재를 밀어 넣습니다. 목마의 머리가 축 늘어지지 않도록 가능한 한 많은 양을 꽉꽉 채워 넣어야 해요. 충전재가 양말의 끝까지 잘 들어갈 수 있도록 자를 사용하여 밀어 넣어 주세요.

4. (뒷면에 나오는 4번 사진을 참조하세요) 이제 목마의 귀를 만듭니다. 우선 이 책의 122쪽에 나오는 도면을 복사해 주세요. 그 도면을 오려내어 펠트 천 조각 위에 올려놓습니다. 도면대로 선을 그려 귀 모양 두 개를 만든 다음 그 선을 따라 귀 두 개를 오려 내어 주세요.

5. (뒷면에 나오는 5번 사진을 참조하세요) 펠트로 만든 귀를 종이 도면에 표시된 대로 살짝 주름잡아 목마의 머리 양쪽 옆에 핀으로 붙여 주세요. 바늘과 실을 사용하여 양쪽 귀를 단단히 꿰맵니다.

1

2

3

*rickrack braid: 실 등으로 지그재그 모양으로 파상을 이루며 납작하게 땋거나 꼬아서 만든 끈.

6. 그다음엔 말갈기를 만듭니다. 우선 한 변의 길이가 10cm인 정사각형 모양의 판지 조각을 준비하여 반을 접어 주세요. 아래 6번 사진에서 보이는 대로 긴 털실을 그 보드에 감아 줍니다. 그런 다음 날카로운 가위를 사용하여(반드시 어른이 도와줘야 해요) 보드에 감긴 털실을 잘라 주세요. 그러면 10cm 길이의 털실 여러 줄이 생깁니다.

7. 짜깁기 바늘에 10cm 길이의 털실 한 줄을 꿰어 목마 머리의 뒷부분에 한 땀을 떠주세요. 바늘을 빼고 털실에 매듭을 지어 고정시킵니다. 여러분의 말에 갈기가 풍성하게 생길 때까지 이 과정을 되풀이해 주세요. 이 과정은 어렵지 않지만 시간이 다소 걸리지요. 그래서 여러분의 아이들이 잠자리에 들어 있는 동안 TV를 보면서 하기에 딱 좋답니다.

8. 굴레 모양을 만들기 위해 릭랙 블레이드를 적당한 길이로 잘라낸 다음 아래 8번 사진에서 보이는 대로 바늘과 실을 사용하여 꿰매 주세요. 말 머리의 양쪽에 딸랑거리는 방울을 붙입니다.

9. 이렇게 만든 목마 머리를 빗자루 손잡이에 씌우고 굵은 노끈이나 고무 밴드 여러 개로 단단히 고정시켜 주세요.

종이 화환

요즘은 기하학적 모양들이 무척 인기를 끌고 있답니다. 이 무지갯빛의 생기발랄한 화환은 어떤 어린이의 침실에 장식으로 매달아 두어도 정말 멋져 보일 거예요. 파티용 장식으로도 아주 훌륭하지요.

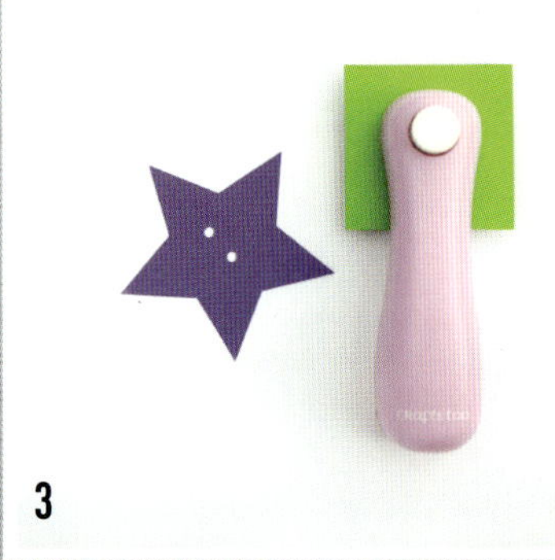

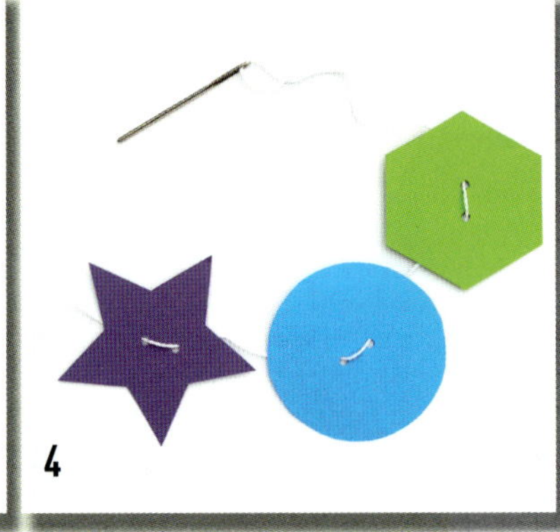

만드는 법

1. 이 책의 123쪽에 나오는 기하학적 모양의 도형들을 복사합니다. 그 도형들을 오려 내어 다양한 색깔의 색상지들 위에 올려놓아 주세요. 연필로 도형대로 선을 그립니다.

2. 다용도 칼과 금속 자(반드시 어른이 도와줘야 해요)나 가위를 사용하여 기하학적 모양들을 잘라 내어 주세요. 화환 1m를 만드는 데는 이 모양들이 16개 정도 필요하답니다.

3. 각 모양의 한가운데에 간격이 일정한 두 개씩의 구멍을 뚫어 주세요.

4. 짜깁기 바늘에 긴 털실을 꿰고 그 한쪽 끝에 매듭을 묶은 다음 모양들을 엮어 가며 바느질을 합니다. 짜깁기 바늘이 없다면 털실의 한쪽 끝에 접착테이프 한 조각을 감아서 그 대신 사용하면 되지요.

힌트와 조언

바느질하기는 어린이의 미세 운동능력을 발달시키는 데 아주 좋답니다.

준비물

- 가위 ● 연필
- 무지개 빛깔의 색상지
- 다용도 칼 ● 금속 자
- 종이에 구멍 뚫는 기구
- 짜깁기 바늘
- 털실이나 면사
- 접착테이프

(선택적: 짜깁기 바늘이 없는 경우)

바느질 카드

바느질하기와 엮기는 어린이의 미세 운동능력을 연마하고 손과 눈의 협응을 향상시키는 데 아주 좋을 뿐만 아니라 무척 재미있는 활동이지요. 여러분이 외출할 때면 가방 안에 넣고 다니는 이 멋진 카드는 언제나 유용하게 쓰인답니다.

만드는 법

1. 이 책의 122쪽에 나오는 바느질 카드 도면들을 복사합니다. 가위(어린이)나 다용도 칼(반드시 어른이 도와줘야 해요)을 사용하여 그 도면을 잘라 내어 주세요. 그것을 색상지 위에 올려놓고 그대로 선을 그린 다음 조심스럽게 오립니다.

2. 오려낸 색상지 한가운데에 웃고 있는 얼굴 그림을 그려 주세요.

3. 펀치를 사용하여 바느질 카드의 가장자리를 빙 돌아가며 일정한 간격으로 구멍을 뚫습니다.

4. 아이들이 '바느질하기'에 사용하는 도구로는 구두끈이 아주 좋지요.

힌트와 조언

● 구두끈이 없다면 털실의 한쪽 끝에 접착테이프 한 조각을 감아서 뾰족한 끝을 만들어서 구두끈 대신 사용하면 됩니다.
● 조금 큰 어린이는 뭉툭한 짜깁기 바늘을 사용할 수도 있고 파이프 클리너/셔닐 스템으로 자기만의 '바늘'을 만들 수도 있지요.

♻ 친환경 정보

시간이 부족하다면 재활용품을 모아둔 통에서 건진 시리얼 통이나 헌 크리스마스 카드로도 멋진 바느질 카드를 만들 수 있어요. 그냥 재미있는 모양을 오려 내어 그 가장자리에 일정한 간격으로 구멍을 뚫으면 되거든요. 정말 쉽죠!

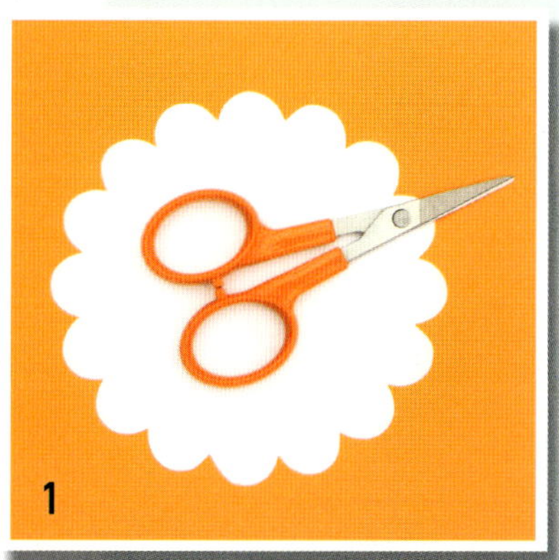

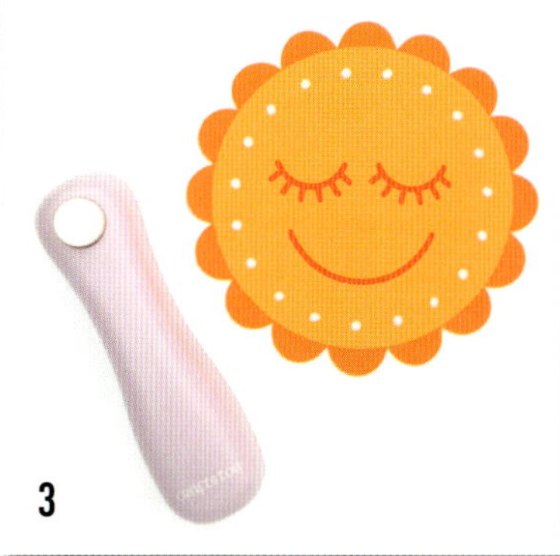

---

*pipe cleaner: 담배 파이프를 청소하는 데 쓰는 도구. *chenille stem: 벨벳과 같은 끈실로 덮인 30cm의 곧은 와이어로 다양한 색이 있다.

과학 즐기기

마법의 물약

이것은 색깔을 바꿔 주는 아주 환상적인 실험이랍니다. 아이들은 이 실험을 자꾸자꾸 해보고 싶어 할 거예요! 이것은 아주 하기 쉬운 실험이기도 하지만 이 실험에는 여러분의 냉장고 안에서 흔히 볼 수 있는 천연 식품만이 사용되지요.

실험 방법

1. 전자레인지에 사용할 수 있는 그릇 안에 굵게 썬 붉은 양배추 한 줌을 넣고 물을 붓습니다. 전자레인지에 넣고 2분 동안 돌린 다음 물이 푸른색으로 변할 때까지 그대로 둡니다.

2. 푸른색으로 우러난 물이 다 식으면 믹싱 볼을 놓고 그 위에서 붉은 양배추가 담긴 물을 체에 내려 주세요. 이렇게 체에 내린 푸른색 용액을 작은 용기 여러 개에 나누어 담아서 실험 준비를 합니다. 우리 집에서는 이런 경우에 대비하여 늘 유리병과 요구르트 병들을 쌓아 두고 있지요! 다른 그릇에 레몬 주스를 부어놓고 피펫을 사용하여 레몬 주스 몇 방울씩을 병마다 떨어뜨려 주세요. 푸른색 용액이 거짓말처럼 핑크빛으로 변하는 과정을 관찰해 보세요.

실험 원리

붉은 양배추에는 안토시아닌이라는 색소 분자가 들어 있답니다. 안토시아닌은 천연의 pH 농도 지표여서 용액의 산성도에 따라 색깔이 바뀌지요. 기본 용액 속의 안토시아닌은 푸른색이나 녹색을 띠지만 레몬 주스처럼 강한 산성 용액이 들어가면 안토시아닌이 붉은색이나 핑크색으로 바뀌는 거예요.

♻ 친환경 정보

이 실험에는 천연의 무독성 재료만이 사용됩니다. 하지만 이 용액을 맛볼 생각은 하지 마세요!

*pipette: 실험실에서 소량의 액체를 재거나 할 때 쓰는 작은 관. *medicine dropper: 안약 따위를 떨어뜨릴 때 쓰는 병.

알록달록 꽃다발

이 전형적인 과학 실험은 마법처럼 아주 멋질 뿐만 아니라 물이 식물의 줄기 속을 통과하여 증산(蒸散)되는 과정을 보여 준답니다.

실험 방법

1. 여러분이 준비한 유리병에 맞추어 꽃의 줄기를 다듬어 주세요. 그런 다음 줄기 끝을 비스듬히 자릅니다(가능하면 흐르는 물에서 잘라 주세요).

2. 유리병에 ¾만큼 찰 때까지 따뜻한 물을 부어 주세요. 물속에 식용 색소를 넣습니다. 물 반 컵에 20-30방울 정도의 식용 색소를 넣어야 해요.

3. 위 2번의 색소를 넣은 물에 꽃을 꽂습니다. 꽃잎에 물이 들기 시작하는 것은 두세 시간 지난 뒤부터랍니다. 24-48시간이 지나야 꽃에 확실하게 물이 들지요.

힌트와 조언

두 가지 색깔의 꽃을 만들 수도 있어요. 꽃의 줄기를 가운데쯤부터 길게 쪼개어 양쪽을 각기 다른 색깔의 물을 담은 유리병에 담가 두면 되지요.

보이지 않는 잉크

주위에 첩보원을 꿈꾸는 어린이가 있나요? 그렇다면 그 어린이가 비밀 암호문을 작성하고 해독할 수 있도록 도와주면 어떨까요?

실험 방법

1. 레몬으로 생과일 주스를 만들려면 레몬을 쥐어짜서 그 주스를 그릇에 받으면 됩니다.

2. 레몬 주스에 살짝 담갔다가 뺀 면봉으로 흰 종이 위에 글씨를 써주세요. 주스를 너무 많이 묻히지 않도록 해야 해요. 이제 종이가 완전히 마를 때까지 기다립니다.

3. 눈에 보이지 않는 이 글씨가 보이게 하려면 다리미로 그 종이를 다리거나(반드시 어른이 도와줘야 해요!) 헤어드라이어로 그 종이 위에 더운 바람을 불어 주면 되지요.

실험 원리

레몬 주스는 산성 용액이어서 종이를 약화시킨답니다. 종이에 열이 가해지면 남아 있던 산이 글씨를 갈색으로 바꿔 놓지요.

♻ 친환경 정보

이 실험에는 천연의 무독성 재료만이 사용됩니다.

준비물

● 옥수수 가루/옥수수 전분 1-2컵
● 물 1컵 ● 믹싱 볼
● 숟가락 ● 식용 색소(선택적)

우블렉*

*oobleck: 얼핏 보기에는 액체(젤리) 같지만 압력을 가하면 순간적으로 점성이 생겨 고체가 되는, 고체와 액체의 성질을 동시에 가지는 소위 '다일레이턴트(dilatant)'라는 비뉴턴 유체의 일종. 어린이들이 신기해하고 그들의 호기심을 자극하므로 초등학교나 중학교에서 다일레이턴트를 이해시키기 위한 과학 실험으로 많이 이용된다.

이것은 고체일까요… 아니면 액체일까요…? 아니요, 이것은 우블렉이지요! 우블렉이라는 이름은 닥터 수스(Dr. Seuss)의 《바르톨로뮤와 우블렉》이라는 책에서 나왔답니다. 그 책에서는 하늘에서 떨어진 녹색의 끈적끈적한 물질이 눈이 보이는 모든 것에 닥치는 대로 달라붙어 움직이지 못하게 만들지요.

만드는 법

1. 믹싱 볼에 옥수수 가루/옥수수 전분 1컵을 넣습니다. 그 속에 물 1컵을 붓고 섞어 주세요. 숟가락을 사용해서 저어도 좋지만 손으로 섞어도 괜찮답니다.

2. 완벽한 농도의 혼합물을 만들려면 옥수수 가루/옥수수 전분을 추가해야 될지도 몰라요. 굉장히 걸쭉하고 손을 대면 굳어지는 정도의 농도를 목표로 하세요. 그 혼합물을 뭉치면 공 모양이 되지만 그 공을 손바닥에 올려놓으면 공은 모양이 무너지면서 손가락 사이로 흘러내릴 거예요.

3. 농도가 완벽한 우블렉이 만들어지면 식용 색소 몇 방울을 그 안에 넣어 주세요.

힌트와 조언

● 이 만들기 과정은 다소 지저분할 수 있으므로 여러분은 옷차림에 신경을 써야 하고 비눗물을 담은 그릇을 가까이 두어서 만들기가 끝나면 빠르게 뒷정리를 할 수 있도록 해야 해요.

● 우블렉을 배수구에 버리면 절대로 안 돼요!

● 우블렉을 사용하여 할 수 있는 실험에는 여러 가지가 있답니다. 우선 그 혼합물을 뭉쳐서 공 모양을 만들어 보세요. 이제 손바닥을 펼치고 그 위에 우블렉 공을 올려놓습니다… 어떤 일이 생기나요? 그 혼합물 사이로 손가락을 천천히 움직여 보세요. 이번에는 손가락을 빠르게 움직여보세요. 우블렉 속에 두 손을 천천히 담가 보세요. 이번에는 두 손을 빠르게 빼보세요.

심심할 때 유용한 놀이 아이디어

여러분의 아이들이 심심해서 어쩔 줄 몰라 할 때 쓸 수 있는 놀이 아이디어를 늘 준비해 두고 있다면 아주 좋을 것 같아요. 귀여운 아이들을 즐겁게 하면서 나쁜 장난에 빠지지 않게 해주는, 재미있고도 쉽게 할 수 있는 놀이 아이디어 몇 가지를 알려 드릴게요! 운만 따라 준다면 여러분은 이 아이디어로 조용히 차 한 잔을 즐길 시간을 얻어낼 수도 있답니다.

감각적인 놀이

● 여러 가지 모양의 파스타나 쌀을 크고 깊은 양푼에 부어주세요. 작은 병, 컵, 그릇들을 준비합니다. 그러면 아이들은 작은 병, 컵, 그릇으로 양푼에 담긴 파스타나 쌀을 떠서 이리저리 옮기기도 하고 됫박질하며 재미있게 놀 수 있지요.

● 풍선 안에 플레이도우를 넣고 목 부분을 잘 묶어 주세요. 그러면 어린이가 주무르면서 가지고 놀기에 아주 좋은 스트레스볼*이 됩니다.

다소 치저분하지만 재미있는 놀이

● 맑은 날 물 한 주전자를 가지고 밖으로 나가 뒷마당에서 진흙 만두를 빚으며 놀아도 좋답니다.

● 클라우드도우(cloud dough)를 만들어 보세요. 밀가루 8컵에 베이비오일 1컵을 넣어 치대 주면 질퍽질퍽하여 가지고 놀기에 좋은 반죽이 되지요.

● 밀가루 한 봉지 + 그릇 + 체 = 여러 시간 재미있게 놀기!

재미있는 미술 놀이

● 거품 찍기를 해보세요. 야트막하고 주둥이가 넓은 플라스틱 그릇에 물 ½컵, 물감 2큰술, 주방세제 1큰술을 넣고 잘 섞어 줍니다. 그 혼합액에 빨대를 꽂고 거품이 넘치기 시작할 때까지 살며시 불어 주세요. 그런 다음 빨대를 제거하고 그릇 위에 종이를 조심스럽게 덮었다가 떼어내면 거품 찍기가 완성되지요.

● 네모난 얼음으로 그림 그리기를 해보세요. 물에 식용 색소를 몇 방울 떨어뜨린 다음 냉장고용 얼음틀에 넣어서 얼려 주세요. 얼음이 다 얼면 그 네모난 얼음들을 꺼내어 커다란 종이 위에 재미있게 그림을 그리면 됩니다.

● 마시멜로와 이쑤시개로 조각을 해보세요.

● 종이로 내 모습 만들기를 해보세요. 종이를 여러 장 붙여서 그 위에 여러분의 아이(너무 어린 아이는 아니어야 해요)가 누울 수 있을 정도로 크게 만듭니다. 굵은 펜으로 누워 있는 아이의 윤곽을 따라가며 그려 주세요. 아이가 일어나면 실물 크기의 사람 윤곽이 종이에 남게 되지요. 이제 여러분의 아이는 그 사람 윤곽 속에 자기가 원하는 대로 그려 넣기만 하면 된답니다!

● 플레이매트를 만들어 보세요. 커다란 종이를 준비하여 방바닥에 펼쳐 놓고 그 위에 도로, 신호등, 집, 강, 가게들을 그려 넣습니다. 그런 다음 장난감 자동차들을 가져다가 '마을'을 여기저기 돌아다니게 하면 되지요.

과학 놀이

● 화산을 만들어 보세요! 쟁반에 빈 이유식 병을 올려놓습니다. 플레이도우로 병을 둘러싸서 산처럼 보이게 만들어주세요. 이유식 병 속에 베이킹 소다 1큰술을 넣고 그 위에 빨간색 식용 색소 한 방울을 떨어뜨립니다. 그런 다음 그 안에 식초를 조금 넣고 조금 떨어진 곳에서 지켜보세요. 화산이 멋지게 폭발할 겁니다!

● '떠오르는 건포도 놀이'를 해보세요. 투명한 유리잔에 무색 탄산수를 붓고 건포도 4-5알을 넣습니다. 기포가 건포도를 어떻게 오르내리게 하는지를 관찰해 보세요.

● 식초와 소금의 혼합액을 만든 다음 헌 칫솔로 그 혼합액을 찍어서 헌 동전들을 문질러 닦아 보세요.

*stress ball: 작은 공을 손에 쥐고 주무르면 긴장이 완화되고 혈액 순환이 좋아져 스트레스를 해소시켜 준다고 하여 스트레스볼이라 부른다.

자연 놀이와 실외 놀이

● 자연의 테이블을 장식할 여러 가지 자연물들 - 예를 들면 조개껍질, 나무뿌리, 씨앗들 - 을 모아 보세요.
● 애완용 달팽이를 입양하세요… 하지만 한 나절 데리고 논 후에는 잊지 말고 다시 자연으로 돌려보내 주어야 해요.
● 실외에서 물로 그림을 그려 보세요. 물 한 컵과 그림붓만 있으면 된답니다. 건조한 맑은 날에는 이 놀이가 제격이지요.
● 비가 올 때는 벌레를 잡으러 나가 보세요. 고무장화를 신고 주방용 세제를 가지고 가면 된답니다. 주방용 세제를 뿌리면 땅속의 벌레들이 곧 지면으로 올라오지요.

재활용품을 이용한 놀이

● 헌 골판지 택배 상자로 우체통을 만들어 보세요. 그 우체통에 여러분의 편지를 집어넣을 구멍을 만들어야 합니다. 그런 다음 그 우체통에 넣을 편지를 쓰거나 그림 편지를 그려 보세요.
● 빈 플라스틱 병들과 공을 사용하여 볼링 세트를 만들어 보세요. 볼링은 비가 오거나 추운 겨울날 오후에 실내에서 하기에 아주 좋은 게임이랍니다!
● 재활용품 통에 모아 두었던 종이, 플라스틱 뚜껑, 베이킹 포일 같은 물건들로 종이 접시를 장식하여 재미있는 가면을 만들어 보세요.

목욕 놀이

● 플라스틱 비커에 면도용 거품과 식용 색소를 넣고 잘 섞어서 거품이 부글부글 일어나는 재미있는 욕실용 그림물감을 만들어 보세요.
● 헌 샴푸통, 비눗갑, 손세척제 병에 물을 담아 붓기도 하고 찍 눌러 짜기도 하며 재미있게 놀아 보세요.
● 가라앉기/뜨기 실험을 해보세요. 집 안에서 사용하는 여러 가지 물건들을 모아서 어떤 것이 물에 가라앉고 또 어떤 것이 물에 뜰지를 알아맞히며 재미있게 놀 수 있지요!
● 욕조 안에서 네모난 얼음을 가지고 놀아보세요.

역할 놀이

● 빨래 놀이를 해보세요. 땅바닥에 막대기를 양쪽으로 세워 놓고 줄로 연결하여 어린이 사이즈의 빨랫줄을 만듭니다. 그런 다음 옷을 '빨아서' 빨랫줄에 걸고 빨래집게로 고정시키며 재미있게 놀아 보세요.
● 커다란 골판지 상자가 있다면 그 상자를 옆으로 세워서 가게나 카페를 열어 보세요. 그 가게나 카페는 집 안에 있는 여러 가지 작은 물건들로 채우면 되지요.
● 여러분의 아이들이 차를 좋아한다면 주방에 있는 의자들을 가져다가 한 줄로 놓아 보세요. 그러면 훌륭한 버스나 기차가 된답니다.

그 밖의 놀이

● 비 오는 날에는 담요, 침대보, 침대 시트 같은 천들을 꺼내어 의자나 탁자에 씌워서 은신처나 동굴처럼 만들어 보세요.
● 비눗물을 만들고 파이프 클리너/셔닐 스템을 구부려서 지팡이 모양을 만든 다음 그 지팡이로 비눗물을 찍어서 입에 대고 불어 보세요!
● 주방에서 식탁에 둘러앉아 빨대로 목걸이를 만들어 보세요.

도면

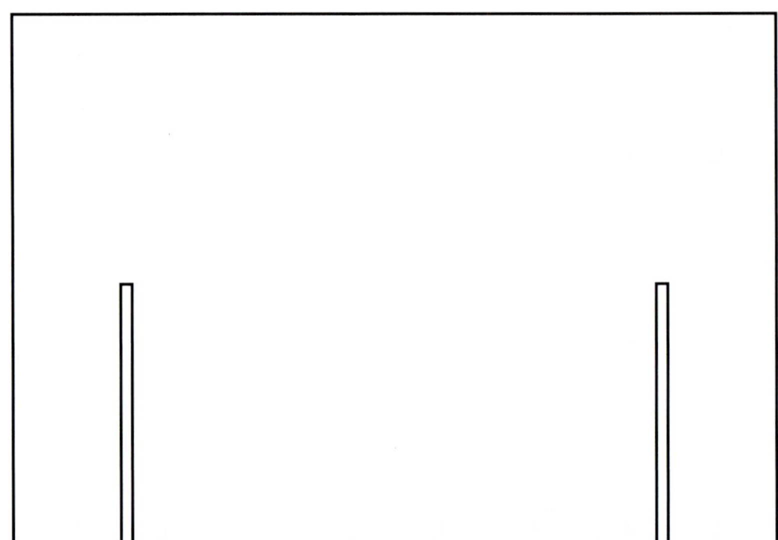

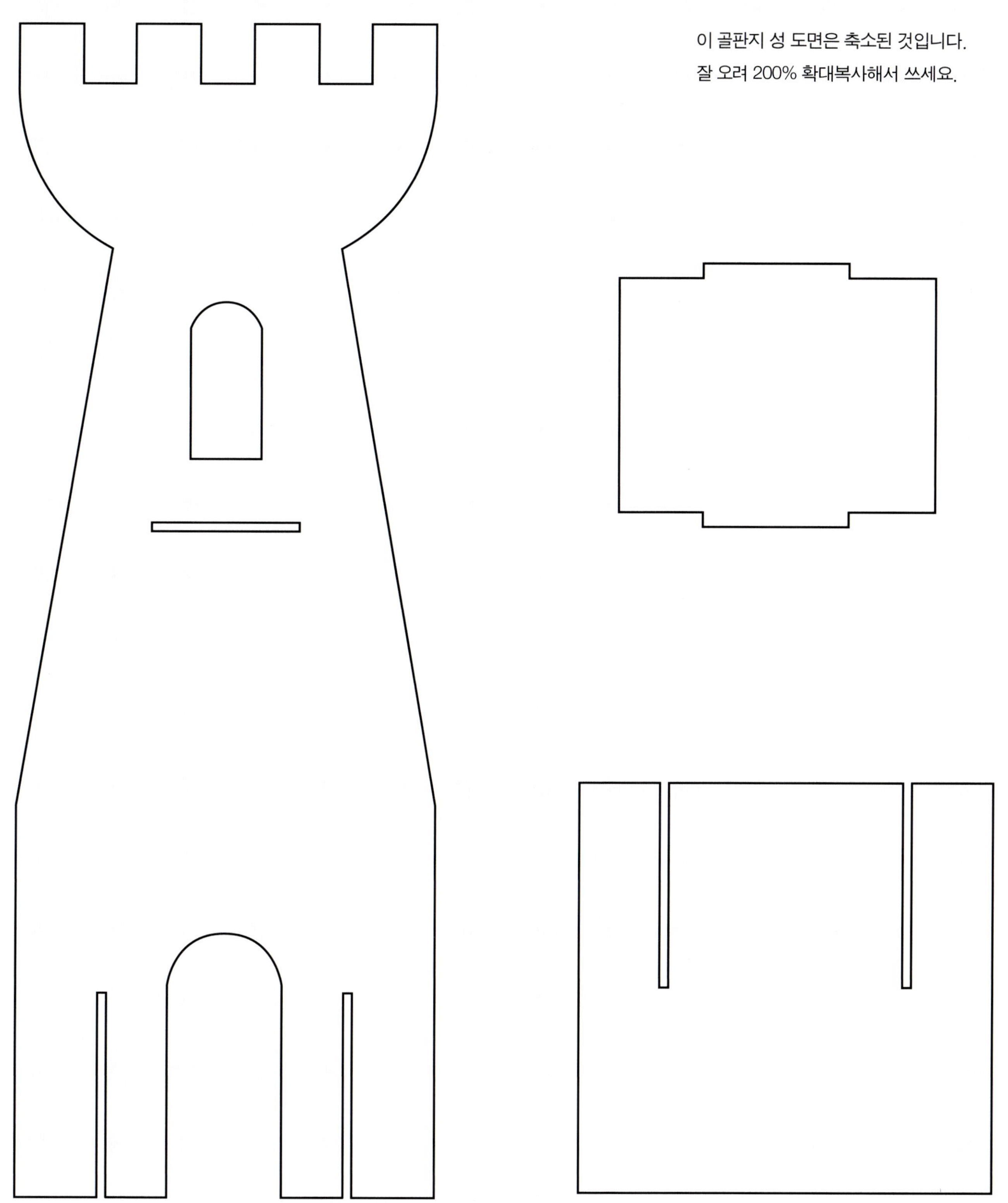

이 골판지 성 도면은 축소된 것입니다.
잘 오려 200% 확대복사해서 쓰세요.

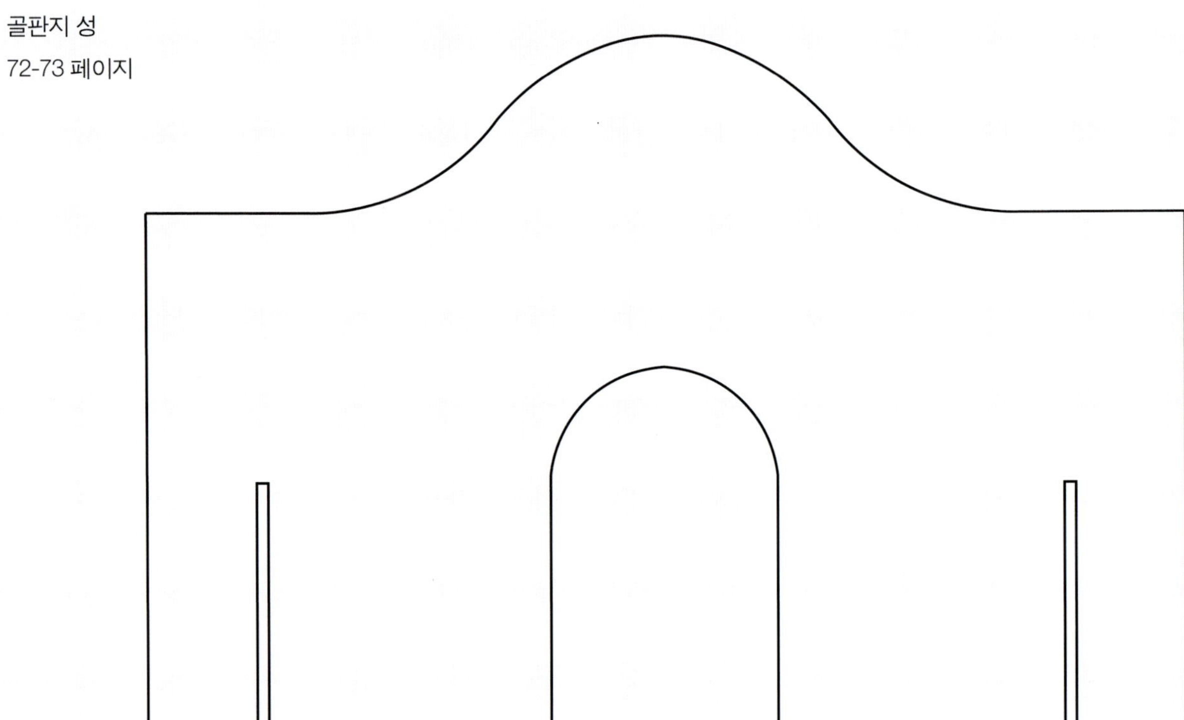

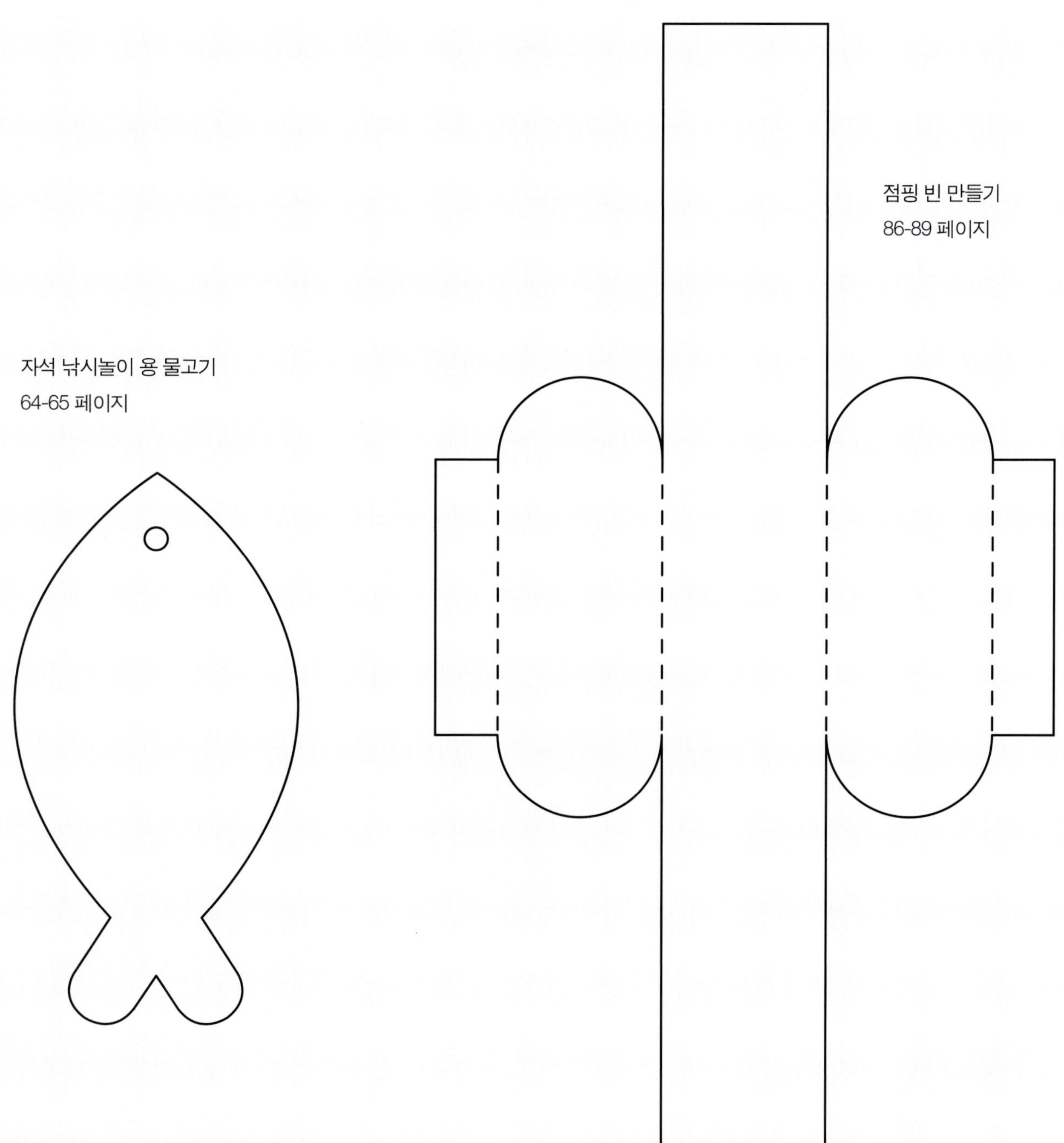

자석 낚시놀이 용 물고기
64-65 페이지
점핑 빈 만들기
86-89 페이지

그림자놀이
76-77 페이지

팩맨 모빌
84-85 페이지

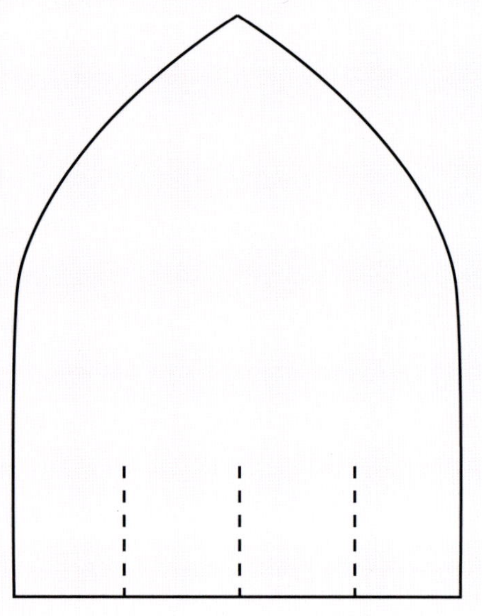

양말 목마의 귀
96-99 페이지

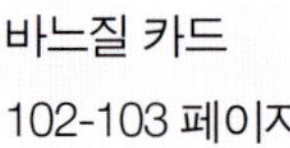

바느질 카드
102-103 페이지

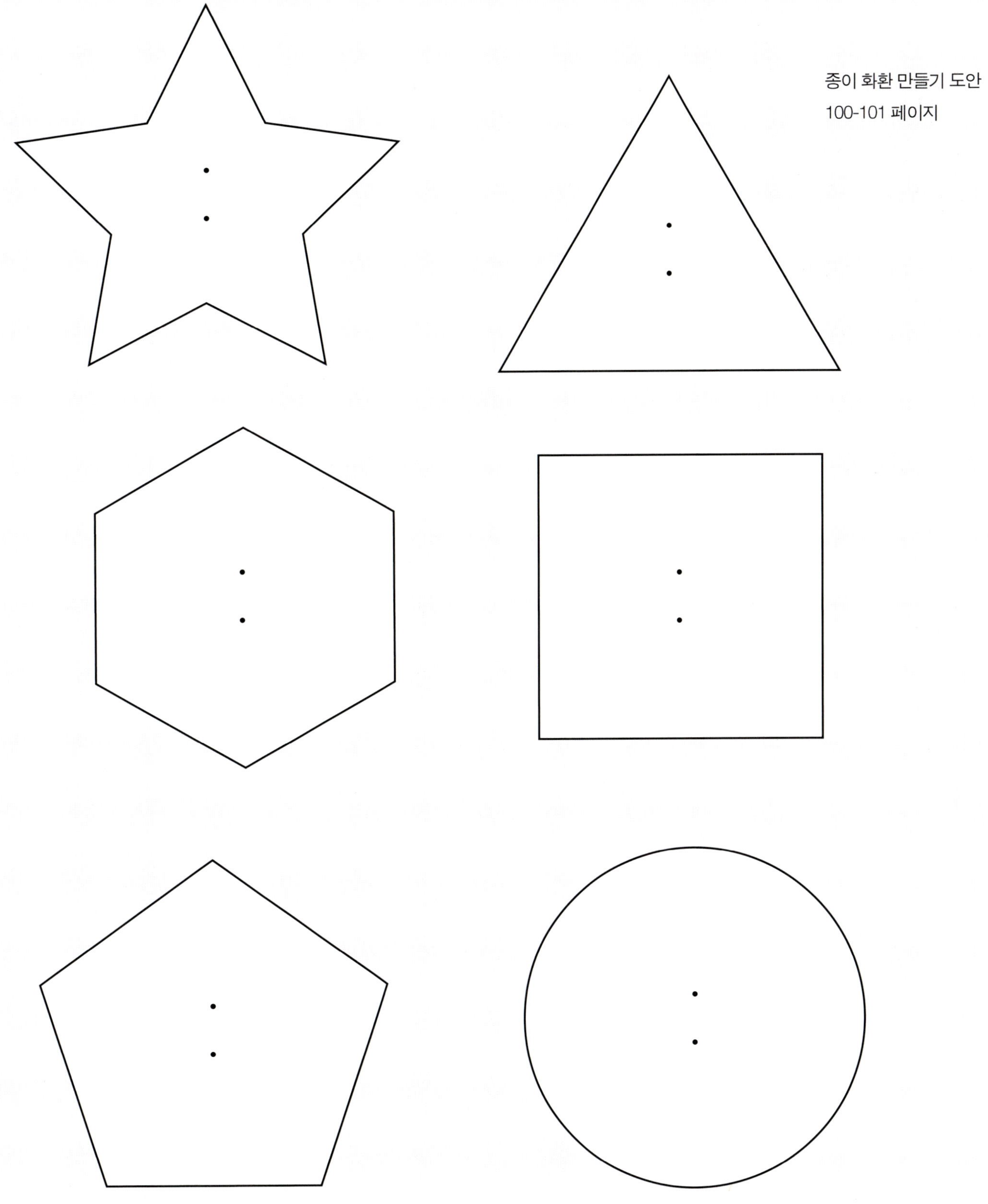

종이 화환 만들기 도안
100-101 페이지

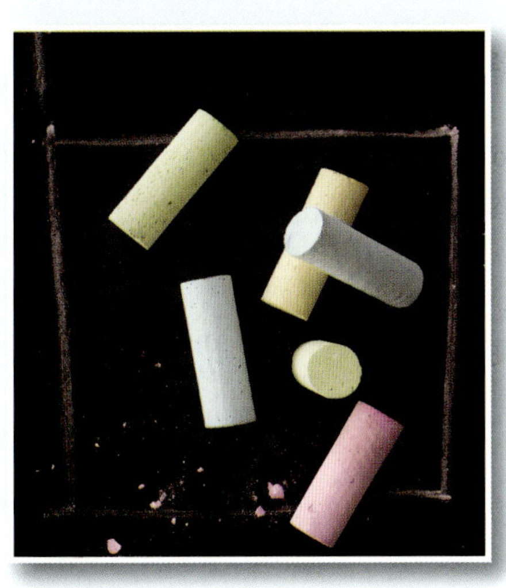

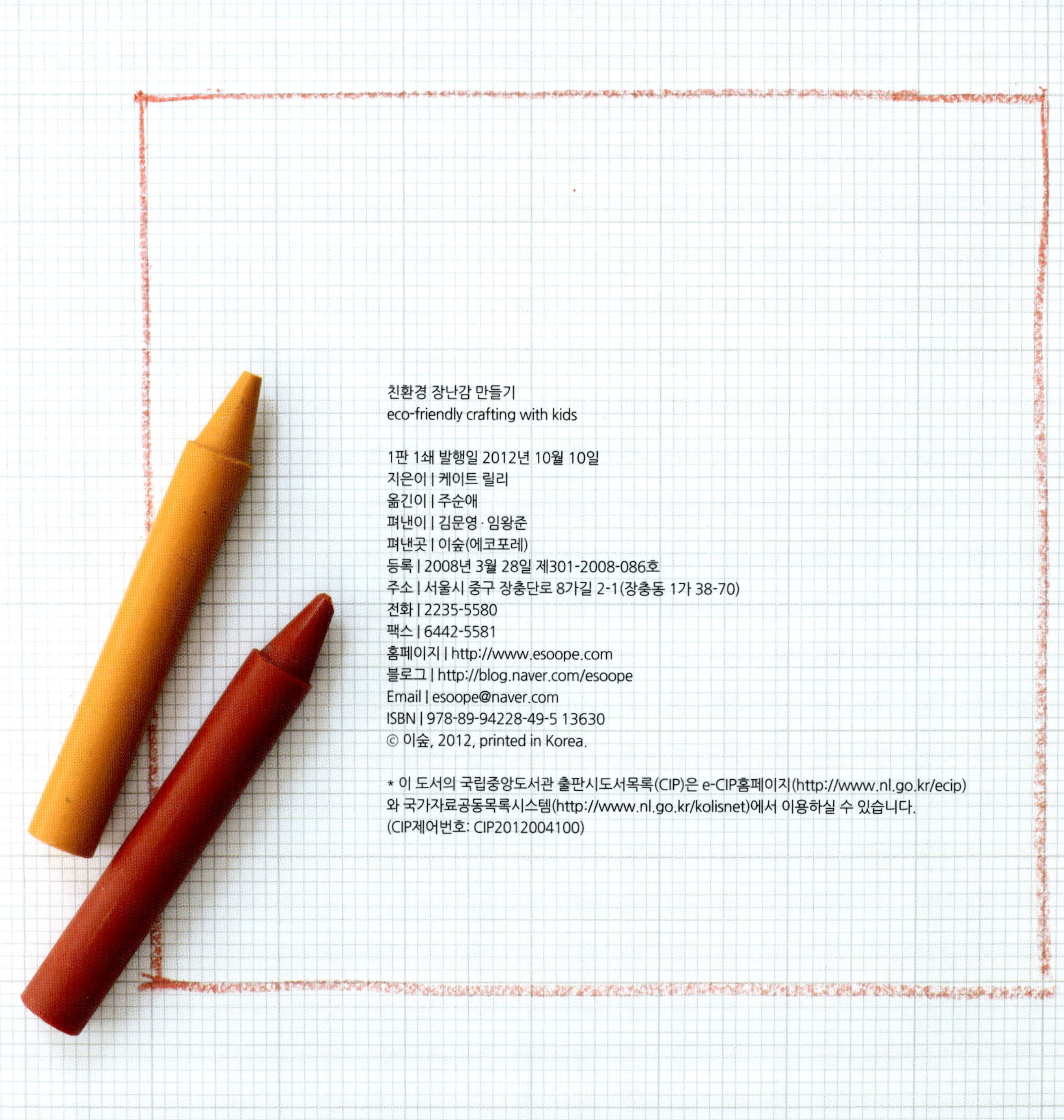

친환경 장난감 만들기
eco-friendly crafting with kids

1판 1쇄 발행일 2012년 10월 10일
지은이 | 케이트 릴리
옮긴이 | 주순애
펴낸이 | 김문영 · 임왕준
펴낸곳 | 이숲(에코포레)
등록 | 2008년 3월 28일 제301-2008-086호
주소 | 서울시 중구 장충단로 8가길 2-1(장충동 1가 38-70)
전화 | 2235-5580
팩스 | 6442-5581
홈페이지 | http://www.esoope.com
블로그 | http://blog.naver.com/esoope
Email | esoope@naver.com
ISBN | 978-89-94228-49-5 13630
ⓒ 이숲, 2012, printed in Korea.

* 이 도서의 국립중앙도서관 출판시도서목록(CIP)은 e-CIP홈페이지(http://www.nl.go.kr/ecip)
와 국가자료공동목록시스템(http://www.nl.go.kr/kolisnet)에서 이용하실 수 있습니다.
(CIP제어번호: CIP2012004100)